Plantando iglesias que se reproducen

Cómo comenzar una red de iglesias sencillas

Joel Comiskey

CCS Publishing

www.joelcomiskeygroup.com

Tabla de contenido

Tabla de contenido

Prefacio

lanté mi primera iglesia en 1988 entre los pobres de la ciudad de Búfalo, Nueva York. En aquel momento yo conocía sólo un libro que hablaba de plantar iglesias. Reuniones y conferencias sobre el tema no existían; tampoco existían sitios en la Web, webcasts o blogs. A más del llamado a plantar iglesias y de una fe radical en el Señor de la Mies, los plantadores de iglesias no teníamos ningún tipo de información básica que nos sirviera como referencia en aquellos días.

Ahora todo ha cambiado. Pareciera que nuevos recursos para plantar iglesias (conferencias, libros, blogs, webcasts, podcasts y sitios en la Web) surgieran a diario. Esto es algo bueno. Estos nuevos recursos proveen herramientas para ayudar a los plantadores de iglesias en una forma novedosa.

Los plantadores de iglesias exitosos son aprendices de por vida. Aprenden por recolectar y procesar la información. Los plantadores de iglesias exitosos sacan provecho de conversaciones con otros plantadores, de libros que escriben los plantadores de iglesias y de conferencias dirigidas por plantadores de iglesias. Aun después de plantar varias iglesias yo sigo aprendiendo. Si dejo de aprender pierdo el enfoque. Es la misma verdad para ti.

Quizás estés pensando, "pero yo aprendo mayormente de mis propias experiencias". O quizás aprendes por hacer. Seguro, las experiencias personales aportan mucho al crecimiento personal. Pero ¿qué tal si añades a tu propio conocimiento algunas lecciones extraídas de las experiencias personales de otros, de sus equivocaciones y de sus éxitos? Ahora estamos hablando en serio. Por eso estoy muy contento que te has unido conmigo para leer el libro más reciente de Joel Comiskey: Plantando iglesias que se reproducen.

Si eres como yo, te habrás molestado al interactuar con profesores, autores, conferencistas o líderes denominacionales que tratan de enseñar cómo plantar una iglesia sin que ellos mismos hayan plantado una. Estoy seguro que tienen buenas intenciones y, en muchos casos, conocen algo de lo que es plantar iglesias—pero, es como si dijeran: "haz lo que digo, no lo que hago". Son expertos en decirte todo lo que haces mal en la plantación de iglesias, aunque nunca hayan plantado una. Joel Comiskey, en cambio, es una voz que hay que escuchar, no como esos expertos bien intencionados que dan consejos. Él es un plantador de iglesias. Ha estado en las trincheras. Conoce por propia experiencia tanto las heridas como las alegrías de plantar una iglesia.

Joel ha caminado un largo trecho en los zapatos de los plantadores de iglesias. En el camino, Joel ha aprendido las cosas que ahora comparte contigo, no sólo de sus propias experiencias, sino por ser parte de una red extensa de plantadores de iglesias en Norteamérica, Sudamérica, África, India, China y más allá.

En éste, su libro más reciente, Joel nos ofrece una herramienta valiosa para relacionar los principios del ministerio de Jesús en la tierra y el rápido crecimiento de la iglesia del Nuevo Testamento con la necesidad de crear y conectar iglesias sencillas que se reproducen.

Los plantadores de iglesias pueden ser algunas de las personas más asombrosas en el ministerio hoy. Muchos han respondido al llamado de Dios para dedicarse a la plantación de iglesias pagando un alto costo. Algunos han dejado trabajos bien remunerados con iglesias establecidas, mientras que otros han dejado carreras de mucho porvenir en el mundo de los negocios confiando en Dios para todas sus necesidades, mientras buscan cómo anteponer las necesidades de los que no están en la iglesia a sus propias necesidades.

Las maneras de plantar iglesias pueden variar mucho: desde plantadores bien financiados que comienzan mega-iglesias con mucho dinero, hasta plantadores con más fe que dinero, siguiendo un llamado y un sueño de formar parte de algo que sólo Dios puede orquestar. Si vamos a impactar verdaderamente al mundo en creciente perdición, tenemos que reconocer no sólo el valor de los plantadores de iglesias que han tenido la bendición de comenzar en grande, sino también reconocer la importancia de plantar iglesias sin grandes recursos ni fanfarria.

Iglesias celulares e iglesias en casas se reproducen fácilmente

Joel Comiskey nos ofreció un vistazo del movimiento creciente de células en sus libros anteriores: La iglesia que se multiplica y Recoged la cosecha. En otro de sus libros, Explosión de liderazgo, Joel nos ayudó a comprender los principios de liderazgo para identificar y entrenar líderes que puedan identificar y entrenar a otros líderes en un esfuerzo continuo para comenzar más frentes de misión para la proclamación del evangelio. Ahora, en este libro, Joel enriquece nuestra comprensión acerca de la creación y el crecimiento de un modelo reproducible para plantar iglesias por medio de iglesias celulares sencillas y agrupaciones de iglesias en casas.

No todos tendrán en el banco 100.000 euros para comenzar una iglesia. Pero todos pueden comenzar en pequeño --llenos de fe-- al invertir en una persona y entonces en un grupo pequeño de personas quienes pueden ser entrenados para alcanzar a otros. Yo creo que una de las necesidades más grandes que tenemos es de un modelo sencillo y reproducible para comenzar muchas nuevas iglesias que se multiplican.

Este libro nos desafía a reconsiderar el modelo usual de plantar iglesias desde los años 1980, cuando se usaban recursos masivos para lanzar esfuerzos que llevara una nueva iglesia de 20 a 300 personas celebrando un culto en el mismo espacio. He ocupado este método varias veces y funcionó. Todavía funciona hoy. De igual forma, he visto también fallar este método. A veces no llegó nadie. Otras veces, grandes multitudes llegaron a un comienzo muy bien anunciado pero no continuaron porque el liderazgo de la plantación de la iglesia no estaba entrenado ni listo para tratar el flujo de personas nuevas en un lanzamiento en grande. Lanzar en grande es una de las herramientas que Dios ocupa—pero hay otras maneras mediante las cuales una iglesia puede crecer con más naturalidad. Al mirar a la iglesia del primer siglo, vemos que creció de una manera más natural. Es cierto que hubo eventos muy especiales como el Día de Pentecostés, pero mirándolo bien, la iglesia del Nuevo Testamento creció y echó raíces por el testimonio de persona a persona, a medida que una persona invertía en la vida de otra, quien a su vez invertía en la vida de otra.

La iglesia del primer siglo crecía a medida que el Espíritu de Dios ocupaba la proclamación del mensaje de Cristo hecha por creyentes que no podían callarse en cuanto a Jesús. Al comparecer ante el Sanedrín, Pedro y Juan les predicaron a sus captores, arriesgándose a peores castigos, aun la muerte, diciendo: "no podemos dejar de decir lo que hemos visto y oído" (Hechos 4:20, Dios Habla Hoy). Ellos se invertían en otros, quienes a su vez se invertían en otros, y la iglesia crecía y crecía. Simplemente no podían callarse porque habían visto al Salvador. A medida que se extendía el mensaje y crecía la iglesia del primer siglo, muchos otros que nunca habían visto cara a cara a Jesús, se añadían, y eran también transformados por las palabras de Cristo. Y se extendían de persona a persona y de pueblo en pueblo.

En este libro, Joel Comiskey destaca los beneficios de los modelos sencillos de iglesias que pueden extenderse rápidamente a través de agrupaciones de células o iglesias en casas. Su perspicacia de reproducir iglesias animará a los que están involucrados en la plantación de iglesias a considerar los beneficios de moverse de un llamado y una visión a la creación de grupos pequeños donde líderes pueden ser identificados y entrenados, y que a su vez ellos puedan crear y liderar nuevos pequeños grupos que continúen multiplicándose en más líderes y más grupos pequeños. Eventualmente la multiplicación de los grupos pequeños podría indicar al plantador que es el tiempo de animar a la iglesia a comenzar reuniones regulares de adoración donde todos los grupos pequeños o iglesias en casas pueden juntarse para una celebración. La meta última de esta nueva comunidad de fe sería de impactar a todavía más comunidades sin iglesias a través de la multiplicación de grupos pequeños, a crear otras iglesias nuevas que continúen el proceso hasta que Cristo regrese por su novia.

Fundamentado en la experiencia, predicando la Palabra de Dios

El acercamiento de Comiskey no es teórico. Como él expone en su libro, miles de iglesias sencillas están multiplicándose en todo el mundo y, en forma creciente, en Norteamérica estamos viendo que esta filosofía de iglesias sencillas se multiplica en la creación de una base de iglesias celulares que se expande. Confío que esto logre causar un impacto positivo para la salvación de muchas personas de las grandes y pequeñas ciudades.

Aun si no estás llamado a dirigir una iglesia celular o a involucrarte en el contexto de iglesias en casas, encontrarás en este libro principios transferibles que te retarán e inspirarán en la dirección de grupos pequeños, el entrenamiento de líderes, la relación entre iglesias, el evangelismo, el levantamiento de fondos y la multiplicación. Sin importar el modelo de plantación de iglesias al que has sido llamado, hay lecciones perdurables en el libro que pueden ayudarte en tu caminar de fe.

Tal vez uno de los beneficios más grandes del libro es ver cómo Joel conecta la Biblia con la vida real en el ámbito de la plantación de iglesias. Como Joel expone en el libro, la iglesia del Nuevo Testamento se ve radicalmente diferente de la mayoría de las iglesias hoy en día.

Creo que en algún momento en el camino nos hemos confundido al pensar que son nuestros métodos, mercadotecnia, programas, empleados y edificios los que harán crecer la iglesia. De algún modo nos hemos olvidado que Dios continúa trabajando a través del Espíritu Santo para completar sus planes revelados en la Palabra de Dios: de transformar pecadores perdidos para que lleguen a ser el pueblo redimido de Dios.

Estoy seguro que a medida que leas las palabras de Joel Comiskey te verás desafiado a guiar tu iglesia, o el comienzo de una iglesia, hacia la meta de ser más bíblica en cuanto a cómo alcanzar a los perdidos y a los que no tienen iglesia.

Agarrados de la mano de Dios

Finalmente, como colaboradores en los campos que están blancos y listos para la siega, me gustaría animarte como lo hace Joel. Plantar iglesias es difícil. El plantador de iglesias en Quebec puede soñar en una experiencia más fácil en Luisiana, mientras el plantador de iglesias en Oregón pueda creer que su caminar hubiera sido más fácil si estuviera plantando iglesias en Carolina del Norte o Texas. Como alguien que ha plantado iglesias en Nueva York, Pennsylvania, y ahora en Georgia, puedo decirte que la experiencia de plantar una iglesia es un trabajo arduo dondequiera que estés.

Sé fiel al llamado que Dios te ha hecho. Predica la Palabra. Mantente de rodillas. Atesora tu familia. Ama al pueblo que Dios te ha guiado a alcanzar y sigue sirviendo al Rey, Cristo Jesús. Joel Comiskey tiene unas sabias palabras acerca de los deseos de tu Rey para ti y para los que buscas alcanzar al plantar iglesias. Al leer las palabras de Joel, recuerda que no estás solo. Aunque a veces te sientes abandonado y que a nadie le importas, mantente unido a Dios quien te está sosteniendo. El bebé del pesebre que se dio a sí mismo por ti en la cruz y se levantó otra vez al tercer día es prueba suficiente de que Dios tiene sus mejores planes para ti.

Gracias, Joel, por todo lo que continúas haciendo para la plantación de iglesias y el crecimiento del Reino de Cristo.

Ed Stetzer, Ph.D.
Autor, Perdido y hallado y Plantando iglesias misionales
www.newchurches.com

Introducción

Jim Montgomery, el fundador de un movimiento de plantar iglesias llamado DAWN, contó acerca de una reunión con Donald McGavran, el fundador del movimiento de igle-crecimiento. Montgomery escribe:

> Durante los últimos meses de la enfermedad de Mary McGavran, mi esposa Lyn pasaba tiempo con ella. Donald McGavran también estaba allí, sin hacerle caso a su propio cáncer doloroso, para cuidar de su amada Mary. Lyn le dijo a Donald McGavran: "Puede estar seguro que Jim y yo continuaremos con nuestro compromiso con el movimiento de igle-crecimiento después de su partida". McGavran respondió: "No lo llamen más iglecrecimiento, llámenlo ¡multiplicación! La única manera de cumplir con el trabajo de la Gran Comisión será por plantar una iglesia en cada comunidad en el mundo".

En algún lugar del camino, el movimiento de igle-crecimiento llegó a estar asociado con hacer crecer una iglesia tan grande como fuese posible. Donald McGavran percibió ese problema y le dio al igle-crecimiento un significado más rico: multiplicación de la iglesia.

La multiplicación de la iglesia es bíblica. Jesús mismo reveló la estrategia de multiplicación cuando levantó hombres y mujeres para ser esparcidos y sembrar las semillas de fe en todo el Imperio Romano. Ellos estuvieron dispuestos a morir por su fe frente a todos los obstáculos en contra. Estos discípulos de Cristo plantaron iglesias para hacer nuevos discípulos y extender la fe.

Plantar una iglesia en cada nación del mundo requiere una estrategia sencilla y reproducible. No se trata de hacer crecer unas cuantas iglesias cada vez más grandes. Ori Brafman y Rob

Beckstrom, en su libro The Starfish and the Spider (La estrella de mar y la araña), señalan que las compañías que crecen tienen una estrategia sencilla que posee el DNA de la reproducción. Si se corta una extremidad de la estrella de mar, le crece una nueva, y esa extremidad puede crecer hasta llegar a ser una nueva y completa estrella de mar. La fundación de iglesias descentralizadas y sencillas opera como la estrella de mar. Puede crecer y multiplicarse en cualquier parte del mundo. No depende de concilios, comités, edificios o dinero. Fundar iglesias sencillas ofrece la posibilidad excitante de nuevas iglesias surgiendo en todas partes. Y eso es lo que, por cierto, está sucediendo en todo el mundo.

En Norteamérica ha habido una inundación de libros que promueven una comprensión sencilla de la iglesia de Cristo Jesús. El libro de Neil Cole, Organic Church; el de George Barna, Revolution; y el de Tom Rainer, Simple Church, apuntan todos al anhelo que la iglesia tiene hoy en día por estructuras sencillas que se multipliquen. La pregunta que varios autores están tratando de responder es: "¿Cómo podemos tener en el siglo 21 un vasto movimiento de fundar iglesias?"

Fundar iglesias ha sido mi vida por los últimos 25 años. Comencé una iglesia desde mi hogar en el centro de la ciudad de Long Beach, California en 1983. En 1984 escuché a David Cho hablar en el Seminario Fuller. Quedé tan impresionado que compré su serie completa de grabaciones y su nuevo libro, y comencé a enseñar a mis líderes acerca del sistema de grupos en hogares. La iglesia creció y continúa hasta hoy su ministerio en el centro de Long Beach. Mirando hacia atrás, sin embargo, me doy cuenta que Dios me estaba enseñando en primer lugar lo relacionado con estrategias más sencillas y reproducibles para plantar iglesias.

En 1994, después de cuatro años de mi primer término como misionero en Ecuador, plantamos (en equipo con un pastor nacional principal y otra pareja de misioneros) una iglesia en Quito. La iglesia madre nos dio 150 personas en 10 grupos de hogar. La nueva iglesia creció rápidamente y en seis años tuvimos 280 células y unos 1.300 fieles. Mi principal papel fue de guiar la infraestructura de pequeños grupos.

En septiembre de 2003, como familia comenzamos una iglesia, llamada Wellspring, en nuestra casa en la ciudad de Moreno Valley. Multiplicamos varias veces el primer grupo de hogar y eventualmente reunimos aquellos grupos para una celebración. Fui el pastor principal por los primeros cuatro años y medio. En junio de 2008, llegué a ser el pastor de Wellspring a cargo de la plantación de nuevas iglesias, habiendo dejado la posición de pastor principal en manos de Eric Glover. Nuestra meta desde el principio fue mantener la iglesia sencilla y reproducible – y así llegar a ser un movimiento de plantar iglesias.

Plantar iglesias no es fácil. Alguien ha dicho que es como beber de una manguera de bomberos – rápida y furiosamente. A lo largo de este libro espero poder compartir los dolores, las luchas y las agonías de mi propio peregrinaje como fundador de iglesias. Más importante todavía es que mantendremos la mirada en los principios bíblicos y prácticos que te ayudarán a ti, el plantador de iglesias, a poner un fundamento sólido para comenzar iglesias sencillas y reproducibles.

Sección **Uno**

Fundamentos sencillos de la iglesia

Capítulo Uno

Vida en el desierto

En el verano de 2008, nuestra familia viajó en coche por el desierto caliente y seco de California y Arizona rumbo a Colorado. Fui testigo de ver tierra árida kilómetro tras kilómetro. A veces veía un viejo rótulo que marcaba el esfuerzo fracasado de un restaurante, gasolinera o albergue.

El desierto tiene un significado especial para mí porque vivo en un desierto. Moreno Valle, donde resido, sería uno de esas ciudades fantasmas si no fuera por la lucha constante de sus habitantes por hacer retroceder al desierto.

En Moreno Valle es común que la temperatura se dispare a más de 40 grados. El aire caliente y seco no solamente afecta negativamente a las personas, sino que hace también cosas extrañas a la vida vegetal. Me he fijado en todo tipo de hierba mala que llega misteriosamente de alguna parte. Tratar de mantener un césped verdadero requiere un esfuerzo persistente. Muchos propietarios han decidido regarle a la mala hierba, desistiendo de tratar de mantener un césped de verdad. Cada otoño tengo que aceptar que tengo que replantar franjas enteras de pasto. Muchas veces he comparado el problema de la mala hierba en Moreno Valle a la iglesia de Cristo.

Las iglesias viven también en un ambiente hostil. El mundo, la carne y el diablo machacan la iglesia de Cristo buscando aniquilarla. Sin un liderazgo fresco y un renovado esfuerzo de evangelismo, la tendencia natural es el estancamiento, el desánimo y, eventualmente, la muerte.

Plantar nuevas iglesias mantiene también saludables y fuertes a las iglesias existentes. Dando a luz nuevas iglesias se hace retroceder al desierto y se forman oasis en la sequedad. Para mantenerse saludables y frescas, las iglesias necesitan plantar iglesias que a su vez planten iglesias.

Plantar o perecer

Dios ha bendecido a los EE.UU. con el evangelio desde la llegada de los puritanos ingleses a principios del siglo XVIII. Desde estas semillas iniciales, las iglesias han florecido al punto de que muchos llaman a Estados Unidos una nación cristiana. La tendencia es pensar: "La iglesia ya está establecida en los Estados Unidos,¿por qué necesitamos plantar más iglesias?"

El hecho es que el cristianismo está en un rápido declive en los EE.UU.

David Olson, un investigador de calidad, escribió el libro La crisis de la iglesia americana (2008). Ocupó datos sobre la gente que asiste a las iglesias para mostrar que sólo el 17.7% de la población de EE.UU. asistió a la iglesia en 2004, y que las iglesias establecidas mostraron un crecimiento del 0%. El único dato alentador fue el de la plantación de iglesias. Las nuevas iglesias plantadas añadieron un 7.8% de crecimiento. Olson explica que en ningún momento de la historia de EE.UU. ha habido una necesidad más crítica de iglesias nuevas. Nuevas plantaciones de iglesias son necesarias hoy para reponer el decline y la muerte de iglesias existentes [1]. Para sobrevivir, la iglesia de Cristo tiene que replantarse en cada generación.

Siempre que ministro en Europa veo a dónde pueden llegar los EE.UU. En Europa el secularismo es abrumante y los templos son edificios sin vida. La historia de la iglesia en Europa a través de los siglos podría mejor entenderse como olas sucesivas de renovación eclesial seguidas por periodos de estancamiento. Los movimientos de plantación de iglesias fueron frecuentemente los catalizadores de la renovación, pero hubo resistencia a la plantación de iglesias por las iglesias existentes o se pensó que era algo extraordinario. [2]

¿Cuándo una iglesia estará lista para plantar una iglesia hija? Probablemente una iglesia nunca se sienta lista. La percepción entre la mayoría de las iglesias es que no son suficientemente grandes, no importa su tamaño. Este mismo modo de pensar afecta la iglesia en otras áreas también. Una iglesia no tiene suficientes finanzas para comenzar una iglesia nueva este año, entonces decide esperar hasta el próximo año o un año después. Décadas más tarde la plantación de una iglesia llega a ser la gran idea del pasado. La realidad es que el número ideal de personas y finanzas necesarias para plantar otras iglesias siempre se percibirá como más grande de lo que la iglesia tiene en el momento.

En vez de esperar que llegue aquel día perfecto, ¡las iglesias necesitan cambiar sus prioridades ahora! La multiplicación está en uno de los primeros lugares de la lista de los deseos de Dios—la multiplicación de líderes, grupos e iglesias. El desbordante fluir del Espíritu de Dios no puede contenerse. El Espíritu a menudo está velando sobre las iglesias que convierten la intención en realidad. Un ejemplo de esto es la iglesia Dove Christian Fellowship.

Larry Kreider nunca tuvo la intención de comenzar Dove Christian Fellowship. Al terminar la década de los años 1970, Kreider pensaba que llenaría las iglesias existentes con los jóvenes que él y otros habían ganado para Cristo. Pero los jóvenes nunca se sintieron integrados en las iglesias existentes. Kreider se rindió ante el llamado de Dios y en 1980 comenzó DOVE (un acróstico de las palabras en inglés: "Declaring Our Victory Emmanuel" - declarando nuestra victoria en Emanuel).

Desde un pequeño y humilde comienzo la iglesia creció en 10 años hasta unas 2.000 personas. La congregación se extendió por unos siete condados de Pennsylvania.

Dirigir una mega iglesia sería el sueño hecho realidad para la mayoría de los pastores. Krieder, sin embargo, se dio cuenta que su mega iglesia era demasiado complicada, pesada y torpe. Necesitaba una inyección de sencillez y reproducibilidad.

En vez de esperar la llegada de aquel día perfecto, ¡las iglesias necesitan cambiar sus prioridades ahora! La multiplicación está en un lugar muy alto en la lista de los deseos de Dios—la multiplicación de líderes, grupos e iglesias.

No era lo suficientemente ágil como para ajustarse rápidamente y levantar nuevas generaciones de líderes. Escribe Kreider:

Si queríamos edificar la iglesia...tendríamos que regalar la iglesia...por lo tanto, eso fue exactamente lo que hicimos. Regalar nuestra iglesia era lo más adecuado para lograr nuestra visión de una iglesia basada en un movimiento de células con la intención de entrenar una nueva generación de plantadores de iglesias y líderes. Nuestra iglesia en el centro-sur de Pensilvania llegó a convertirse en ocho iglesias individuales, cada una con su propio equipo de ancianos. Formamos un Concilio Apostólico para dar supervisión. Entonces dimos a cada una de las ocho congregaciones la libertad de llegar a ser autónomas—tenían la opción de unirse con la familia DCFI o conectarse con otra parte del cuerpo de Cristo.[3]

Desde aquel entonces la iglesia ha seguido regalándose. El compromiso de DOVE con plantar iglesias sencillas y reproducibles se evidencia en su nueva apertura a plantar redes de iglesias en casas. El nuevo libro de Kreider, Comenzando una iglesia en casa, refleja su pensamiento innovador que mira hacia delante. DOVE continua plantando iglesias basadas en células, y al momento ha plantado aproximadamente unas 100 iglesias.

Crecer para sobrevivir

El cacto (cactus) es un producto del desierto. Florece en un ambiente cálido y seco. El cacto, como ninguna otra forma de vida vegetal, puede absorber hasta 800 galones (3.200 litros) de agua en pocos días. Sólo dos horas después de la lluvia la formación de nuevas raíces le ayuda a absorber grandes cantidades de agua.

Si las iglesias plantadas no se organizan alrededor del evangelismo, nadie va a llegar. Después de todo, la mayoría de los cristianos preferirían estar en una iglesia con todos los servicios provistos para llenar sus necesidades.

Por esta habilidad innata, el cacto puede sobrevivir y florecer en el calor sofocante del desierto. Como el cacto, las iglesias plantadas aprenden a sobrevivir en ambientes desolados. Aprenden a ajustar sus estrategias para sobrellevar duras realidades. Muchas iglesias grandes no tienen este mismo empeño. Bob Roberts Jr., pastor principal de Northwood Church en Texas, ha plantado unas 100 iglesias. En su libro La iglesia multiplicándose, escribe:

> En más de una ocasión me he encontrado en grupos de pastores de mega-iglesias que me dicen: "Necesitamos unir esfuerzos para comenzar iglesias significativas— no podemos perder el tiempo con iglesitas pequeñas de 100 o 200 personas." ¡No lo entienden! Trato de educarlos, pero sin resultado. Al hablar así, pierden de vista dos cosas. Primero no conocen su historia. Donde la fe se ha extendido nunca ha sido por la multiplicación de mega-iglesias, sino de iglesias más pequeñas de 50 a 200 fieles... En segundo lugar, no entienden la naturaleza de los movimientos. Donde se han suscitado movimientos, no ha sido a causa de lo grande, sino de lo pequeño.[4]

Las iglesias a ser plantadas necesitan nuevas personas, nuevas ideas y una nueva visión si van a salir de la oscuridad al sol. Las iglesias establecidas tienen la tendencia de preocuparse por el cuidado del edificio, la personalidad del nuevo predicador, quién está en el concilio, y el horario del programa para el próximo año. Agendas y tradiciones protegen a las iglesias que existen por largo tiempo de darse cuenta que ellas también viven en el desierto. Muchas veces, cuando se percatan de las realidades del desierto, ya es demasiado tarde.

Las nuevas iglesias que se plantan están despojadas de toda ilusión. No tienen más alternativa que cumplir con su misión o morir. Alcanzar a otros o cerrar las puertas. Invitar o desaparecer. Los plantadores de iglesias están desesperados por ver la obra crecer. Sin crecimiento la iglesia se va para abajo. Esta realidad mantiene a los plantadores de iglesias de rodillas, clamando a Dios.

Si las nuevas iglesias no se organizan alrededor del evangelismo, nadie llegará. Después de todo, la mayoría de los cristianos preferirían adorar en una iglesia que ofrece todos los servicios. Son pocos los cristianos hoy en día que estarían dispuestos a unirse con sus familias a una nueva iglesia que no ofrece ministerios programados.

Para sobrevivir, las iglesias recién plantadas necesitan ejercer sus músculos y como resultado son saludables y llenas de vida. Christian Swartz, en su libro El desarrollo natural de la iglesia, afirma que las iglesias plantadas son más eficaces en todas las áreas (dirigiendo a personas para que lleguen a ser seguidores de Cristo, bautizándolas y ministrando a sus necesidades). Él escribe:

> Si en vez de una sola iglesia con 2.856 en el culto de adoración tuviéramos 56 iglesias, cada una con 51 personas, estas iglesias, de acuerdo de las estadísticas ganarían unas 1.792 personas nuevas dentro de cinco años—16 veces más de lo que la mega iglesia ganaría. Así que podemos concluir que la eficacia evangelízadora de mini-iglesias es estadísticamente 1.600 % mayor que la de las mega-iglesias.[5]

[anotación manuscrita: DATOS]
[anotación manuscrita: crucible]

La lucha por comenzar una iglesia obra maravillas en los plantadores de iglesias. Se desarrollan y se afilan en el crisol de plantar iglesias. La plantación de iglesias me ha ayudado a crecer en mi relación con Jesús más que cualquier otro ministerio en el que he estado involucrado.

Miro hacia atrás, a mi primera experiencia como plantador de iglesia en 1983. Era un pastor soltero, recién salido del seminario y buscando mi primer trabajo como pastor principal. Mi meta era llegar a ser un misionero con la Iglesia Alianza Cristiana y Misionera (ACM). Tenía que demostrar mi valía.

La lucha para comenzar una iglesia obra maravillas en los plantadores de iglesias. Se desarrollan y se afilan en el crisol de plantar iglesias.

La ACM pide que los potenciales misioneros de carrera se prueben en su país de origen antes de ir a ministrar en otro país. Como regla general saben que los que no logran frutos "aquí" no van a poder "allá". Cruzar el océano no cambia la eficacia del ministerio.

En aquel momento me sentía cansado de aprender acerca del ministerio en los centros académicos. También había pasado varios años en prácticas como "interno" y trabajando como "pastor asociado". La iglesia Alianza probablemente me hubiera aprobado en una posición de asociado, pero por dentro me hubiera sentido aburrido. Necesitaba un nuevo desafío. Tenía que salir del aula y del edificio de la iglesia. Me hacía las preguntas ¿Qué creo yo? ¿Cuál es mi filosofía de ministerio? Podía repetir las filosofías de otros grandes ministros y recibir una nota excelente, pero no había todavía creado mi propio ministerio desde cero.

Tomé un gran salto de fe y decidí plantar una iglesia.

En aquel tiempo la Alianza estaba recuperando para Jesús los barrios urbanos de las grandes ciudades de EEUU. Incluso me ofrecieron algo de dinero para plantar una iglesia en un barrio urbano. Fui voluntario para plantar una iglesia que llamé Hope Alliance (Alianza de Esperanza) en el corazón de un barrio urbano en la ciudad de Long Beach, California.

Las dos palabras que resumen mi experiencia de cinco años de plantar una iglesia en el centro de Long Beach serían: "compromiso total". Otra frase podría ser: "estiramiento más allá de la medida". Si hubiera sido pastor de una iglesias establecida, sólo tendría que casar, sepultar y hacer todo lo demás. La iglesia Alianza de Esperanza no existía. Tenía que descubrir quienes formarían parte de ella

Un lugar para reunirse no existía; tenía que encontrarlo. No conocía mi método de ministerio; tenía que articularlo.

Mi relación con Dios creció a nuevas alturas porque tenía que depender totalmente de la dirección de Dios para cada paso en ese peregrinaje. Mis claros conocimientos adquiridos en el seminario pronto palidecieron frente a las oscuras realidades de la vida del barrio urbano. En un mar de grupos étnicos, me sentía como un botón de muestra de la raza blanca. La mayoría de mis parroquianos venían del mundo de las drogas y enfrentaban terribles tentaciones cuando les llegaba el cheque del gobierno a fin de mes.

Conocí a quien llegó a ser mi esposa, Celyce, después de cuatro años de iniciada la obra, y nos casamos el 13 de febrero de1988.

Fuimos a nuestra luna de miel en Hawai y regresamos a nuestra casa alquilada que era también el cuartel general de la plantación de la iglesia. Aquella misma noche recibimos una llamada a las 3 de la madrugada de uno de los miembros que necesitaba consejería urgente. ¡Bienvenidos a la realidad!

A medida que luchaba para planta la iglesia Alianza de Esperanza en el barrio urbano de Long Beach, Dios me formó a mí más que yo a la iglesia. Me mostró que Él es verdaderamente fiel. De la duda y el desánimo Él fue capaz de hacer crecer algo hermoso. También me preparó para los rigores culturales de la vida misionera en el Ecuador.

Haciendo lugar para el liderazgo

David Coppersmith se "vinculó" a una iglesia muy grande cerca de Moreno Valle, pero nunca se involucró. Ninguno de los pastores le conocía. Si su vida espiritual se tambaleara, nadie se daría cuenta. David anhelaba algo más. Nuestros caminos se cruzaron y nos hicimos amigos. Pregunté a David si le gustaría unirse conmigo para plantar Wellspring, y él aceptó.

Al comenzar la iglesia en mi casa, en septiembre del 2003, allí estaba David. En ocho meses David había logrado reunir su propio grupo de vida. Dirigir un grupo motivó a David a conocer a sus vecinos, pastorear a las personas y preparar una lección. Eventualmente multiplicó el grupo y aprendió nuevas destrezas. La plantación de una iglesia empujó a David a un tipo de liderazgo—muy diferente que asistir a una iglesia grande, incluso una iglesia emocionante. David ha dicho repetidamente "Esta experiencia de plantar una iglesia me obligó a involucrarme. He crecido espiritualmente a medida que he participado en el ministerio, y eso es lo que más me gusta. "

El liderazgo es siempre necesario, deseado y bienvenido en la plantación de iglesias. Jamey Miller, fundador y pastor principal de Christ Fellowship (CF) es un gran ejemplo de cómo se levanta nuevos líderes a través de plantar iglesias. CF comenzó con la meta de plantar iglesias. Jamey Miller dirigió el primer grupo en su casa en 1993. Jamey multiplico el grupo que llegó a ser una red de células y, eventualmente, CF en Fort Worth,

Texas. CF ahora se ha multiplicado en 12 plantaciones de iglesias. Siempre está buscando nuevo liderazgo—tanto a nivel de la célula como para plantar iglesias. La iglesia reúne a unas 300 personas en la adoración y en veinticinco células.

La estrategia de Miller es sencilla. Comienza grupos pequeños y entonces mira si hay potenciales plantadores de iglesias entre aquellos que pueden dirigir el grupo y multiplicarlo. El énfasis de Miller surge de su entendimiento de las Escrituras de que el plan de Dios para su gloria en la tierra está conectado con la reproducción. "Los seres vivos se multiplican", me dijo Jamey. Este principio del Reino es central en la estrategia de Miller para plantar iglesias. Él cree que debemos esperar ver la reproducción de todas las facetas de la vida de la iglesia—desde la reproducción de discípulos, a la reproducción de células, a la reproducción de iglesias y aun de movimientos de plantación de iglesias.

La presencia viva de Cristo es la clave. Los grupos se multiplican mediante la presencia viva de Cristo, y entonces Cristo continúa alcanzando a otros por medio de la plantación de iglesias. Miller me dijo: "No hay nada como la vida del grupo para levantar futuros líderes y cultivar la disposición de plantar iglesias". Los futuros plantadores de iglesias necesitan comenzar al nivel del pequeño grupo para entender el proceso de plantar una iglesia—ya que el pequeño grupo es el microcosmos de la futura iglesia. No todos los líderes de pequeños grupos llegarán a ser plantadores de iglesias, pero los que muestran un potencial para dirigir eficazmente un grupo, multiplicarlo y guiar los grupos nuevos, ellos tienen los ingredientes básicos para plantar una iglesia de forma efectiva.

Jamey modela lo que cree. Quince años después de lanzar el movimiento, me dijo: "Estoy otra vez dirigiendo un grupo en mi propio vecindario porque creo que es esencial permanecer en la batalla".

Durante los cinco primeros años de Christ Fellowship todas las plantaciones de nuevas iglesias tuvieron éxito. Entonces, como todo movimiento de plantar iglesias, comenzaron a tener falsos inicios y fracasos—mayormente por asuntos relacionados con el liderazgo y personalidades. Los fracasos les ayudaron a percibir los matices en la eficacia del liderazgo—¿por qué algunos tienen éxito y otros fracasan? Jamey admitió: "Todavía estoy tratando de entender qué hace que un plantador de iglesias sea eficaz. He llegado a comprender que algunos son llamados a liderar grupos de a 10, y otros a liderar centenares de personas. Algunos probablemente no tengan el difícil llamado de plantar una nueva iglesia".

Le pregunté a Jamey acerca de los requisitos esenciales de futuros plantadores de iglesia. Él me dijo:

> Nuestras expectativas básicas son que los potenciales plantadores de iglesias estén en un grupo pequeño (dirigiéndolo y multiplicándolo) y estén trabajando con los valores esenciales de amar a Dios y al prójimo, así como alcanzar a los que no conocen a Cristo. Y, sí, deben tener un ardiente llamado para comenzar una comunidad de creyentes. Estas cosas básicas proveen los criterios para ver cómo se está progresando, y ayuda al resto de la iglesia a dar el "amén" cuando es hora de mandar a una persona a la tarea de plantar una iglesia.[6]

La cosecha es lo que le mueve a Jamey a mirar hacia los campos, más allá del confort de su propia iglesia. Jesús dijo: "La cosecha es abundante, pero son pocos los obreros—dijo a sus discípulos—rogad, por tanto, al Señor de la cosecha que envíe obreros a su campo" (Mateo 9:37-38). La plantación de iglesias en Christ Fellowship ha provisto las manera para que nuevos líderes recojan la cosecha.

Compartir trae vida

Moreno Valle fue una vez una polvorienta ciudad fantasma. Ahora es una ciudad con mucha vida porque llegaron personas para compartir el agua, la energía, y los servicios. Llaneros solitarios pocas veces sobreviven en el desierto. Restaurantes u hoteles solitarios por lo general duran unos pocos meses o quizás años, pero pronto llegan a ser museos del desierto, espectá-

entrepreneur

culos curiosos de un espíritu emprendedor que no pudo hacerlo solo. *emprendedora*

Nuevas iglesias añaden fuerza espiritual y vitalidad a las existentes. Estimulan una atmósfera espiritual que beneficia a todos. Abe Huber, fundador y pastor principal del movimiento Igreja da Paz, en el norte de Brasil, planta iglesias nuevas a unos pasos de la puerta de la iglesia madre. La fuerza de iglesias adicionales beneficia a todos en la ciudad.

Me quedé en la casa de Abe en el año 2002 mientras daba unas conferencias en su iglesia. Encontré que Abe se comportaba más como brasileño que como estadounidense. Por ejemplo, después de cada culto de noche, prefería pasar tiempo con los brasileños hasta las altas horas de la madrugada. "Ése es Abe", me dijo uno de sus colaboradores.

Ahora Abe dirige un movimiento de plantación de iglesias que está ganando y discipulando miles para Jesús en Manaus, una ciudad de 1.6 millones de residentes localizada en el banco norte del Río Negro. Abe ha integrado un discipulado de uno-a-uno al proceso de entrenamiento de la iglesia. Se asigna un mentor a cada persona que llega a un culto de celebración o célula. El mentor y quien recibe la mentoría se reúnen cada semana para darse ánimo y aprender sobre la responsabilidad en uno con el otro. El mentor guía a la persona nueva a participar en clases adicionales de entrenamiento y asistir a retiros espirituales que son parte del proceso de entrenamiento—que se llama Estrategia de Micro Discipulado (EMD).

La meta es que cada persona de la iglesia plante una célula evangelística, la multiplique y eventualmente plante una iglesia filial de la Igreja da Paz. El resultado de este esfuerzo ha sido la plantación de centenares de iglesias a lo largo y ancho de todo Brasil.

Me sorprendió encontrar tantas iglesias da Paz localizadas a pocos minutos de la iglesia madre que tiene unos 15.000 miembros

La mayoría de estas iglesias locales siguen la estrategia EDM, pero no es un requisito. Cada iglesia se autogobierna, tiene su propio lugar de reunión y mantiene una relación fraternal con el movimiento de la Igreja da Paz.

Abe Huber es un líder con muchos dones, capaz de guiar la gran iglesia madre, pero se da cuenta que muchos líderes no tienen los mismos dones. Ellos pastorearán iglesias más pequeñas. La clave es la reproducción—que comienza uno-a-uno y sigue hacia las multitudes.

Posiblemente Dios quiere que tu iglesia sea un centro de multiplicación—haciendo discípulos que eventualmente planten iglesias. No tienes que preocuparte de que al plantar una nueva iglesia se haga daño a la iglesia madre. El ejemplo de Huber muestra que las nuevas iglesias, al contrario, son de gran ayuda para su propio crecimiento y desarrollo espiritual.

Satanás promueve la mentira de que iglesias nuevas van a competir con las existentes y dañar su asistencia. Peter Wagner escribe:

> Una nueva iglesia en la comunidad tiende a levantar el interés religioso de las personas en general y, si es bien llevada, puede ser de beneficio para las iglesias existentes. Lo que bendice al reino de Dios en general también bendice a las iglesias que verdaderamente son una parte del Reino[7].

Manantiales en el desierto

La ciudad de Palm Springs está más o menos a una hora en coche desde mi casa. Palm Springs, así como Moreno Valle, es una comunidad del desierto. La diferencia es que Palm Springs tiene unos cañones bordeados de árboles. ¿Por qué? Unos manantiales de agua caliente forman parte de su geografía. Dios puede crear manantiales en el desierto. Él lo dijo en Isaías 43:19-21:

> ¡Voy a hacer algo nuevo! Ya está sucediendo, ¿No os dais cuenta? Estoy abriendo un camino en el desierto y ríos en lugares desolados. Me honran los animales salvajes, los chacales y los avestruces; yo hago brotar agua en el desierto, ríos en lugares desolados, para dar de beber a mi pueblo escogido, al pueblo

que formé para mí mismo, para que proclame mi alabanza.

Las buenas noticias para el plantador de iglesias es que el Dios que creó el desierto es el mismo Dios que creó el oasis. Él puede hacer abundar manantiales en lugares secos y difíciles. Él es el Dios de lo imposible y se deleita en hacer algo de la nada. No importa cuan seca y desértica parezca la situación, a Él le encanta proveer de agua viva que trae vida en vez de muerte.

El plan de Dios está conectado con la Reproducción.
Cristo es la clave - Su presencia viva.

Estrategia de Micro Discipulado

Los dones de líderes VARÍAN. Algunos pueden
pastorear iglesias grandes; otros, iglesias
pequeñas.

No se preocupe - plantando nuevas iglesia no hará
daño a la iglesia Madre. Al contrario,
son de gran ayuda para su propio crecimiento
y desarrollo espiritual.

Capítulo Dos

¿Qué es una iglesia sencilla?

Hace unos años prediqué en Zurích, Suiza, y en el sermón hice una positiva alusión a Ulrich Zwinglio. Zwinglio (1484-1531) fue uno de los grandes reformadores suizos que propagó la doctrina de la justificación por la fe y se declaró en contra de las tradiciones religiosas de su tiempo. Pero después del sermón, el pastor se me acercó y comentó, "Durante el próximo culto, quizás no debería decir demasiado acerca de Zwinglio. A unas pocas millas de nuestra iglesia hay un río en donde Zwinglio y sus seguidores ahogaron a los anabaptistas."

¿Por qué persiguieron a los anabaptistas? Porque querían llevar la reforma de Zwinglio al próximo nivel. Los anabaptistas creían que los creyentes justificados y regenerados, que eran bautizados como adultos, deberían reunirse aparte de la iglesia estatal. Los anabaptistas anhelaban una iglesia reformada—no solamente doctrinas reformadas.

Cuando Martín Lutero clavó sus noventa y cinco tesis, su plan no era separarse de la iglesia católico-romana. Su meta era de corregir los abusos dentro de la iglesia y hacer de la Palabra de Dios, no la autoridad del papa, el fundamento de la fe y de la práctica.

La Reforma de Lutero no resolvió la pregunta sobre la verdadera naturaleza de la iglesia. Los grupos separatistas, como los anabaptistas, querían practicar la doctrina de Lutero en una iglesia con personas del mismo pensar. Sentían que la iglesia estatal estaba culturalmente atada y no se conformaba a las Escrituras. Pero Lutero se opuso apasionadamente a los reformadores radicales y el debate sobre la naturaleza de la iglesia continuó sin disminuir.

Debates similares persisten hasta el día de hoy.

Por ejemplo, algunas denominaciones no creen que la iglesia exista hasta que haya un pastor ordenado dirigiéndola.

Otras no reconocen oficialmente a una iglesia hasta que haya suficientes miembros fundadores; otras creen que una iglesia debe primeramente lanzar una reunión pública, digamos el domingo por la mañana, antes de presentarse como iglesia. Algunos van más allá, reclaman togas y rituales. Wolfgang Simson lo resume: "La imagen de mucho del cristianismo contemporáneo se podría describir así: personas santas llegando regularmente a un lugar santo en un día santo a una hora santa para participar en un ritual santo dirigido por un hombre santo vestido de ropa santa por un precio santo."[1]

Estoy convencido de que muchas de nuestras definiciones de iglesia son demasiado complicadas.

¿Qué es la iglesia?

La Confesión de Westminster describe a la iglesia con gran elocuencia:

> A esta Iglesia católica visible, Cristo le ha dado el ministerio, los oráculos y las ordenanzas de Dios, para la reunir y perfeccionar a los santos, en esta vida, hasta el fin del mundo y así, por Su propia presencia y Espíritu, de acuerdo con Su promesa, hacerlos eficaces. [2]

Mientras tanto, la definición de iglesia de los Bautistas del Sur es más práctica:

> Una iglesia del Señor Jesucristo, según el Nuevo Testamento, es una congregación local autónoma de creyentes bautizados, asociados por un pacto de fe y de hermandad en el evangelio; observa las dos ordenanzas de Cristo, está gobernada por Sus leyes, ejerce los dones, derechos y privilegios otorgados por Su palabra, y busca extender el evangelio hasta los fines de la tierra. [3]

Serví de mentor a un estudiante de nivel doctoral que escribió su tesis sobre como plantar una iglesia sencilla en la denominación llamada Iglesia Cristiana Reformada. Estaba buscando apoyo y aprobación. Pensaba comenzar con un grupo pequeño (célula) y multiplicarlo a más grupos. Su título declaró su audaz intención, "Una estrategia para comenzar un movimiento de multiplicación de la iglesia en Muskegon, Michigan."

Lo primero que tenía que hacer era buscar que su célula inicial fuera reconocida como una verdadera iglesia. Buscó entre los documentos de la Iglesia Cristiana Reformada algo que le permitiera demostrar que lo que estaba plantando—desde la primera célula—era verdaderamente la iglesia de Jesucristo. Encontró un pasaje en El Manual de Gobierno de la Iglesia Cristiana Reformada que decía: "Grupos de creyentes, aunque demasiado pequeños para estar organizados, sí se consideran iglesias y tienen el derecho al amor y el cuidado de la iglesia a través de la ayuda de un concilio cercano".[4]

Su denominación definió iglesia como una reunión de personas en un lugar, en un momento particular, bajo un rol pastoral predeterminado. Su denominación—como la mayoría—definió iglesia según la definición dada por Lutero, Calvino, Zwinglio y otros reformadores. Su opinión de la iglesia era un lugar donde el evangelio fuera correctamente predicado, los sacramentos correctamente administrados, y la disciplina de la iglesia correctamente aplicada.

Estoy convencido de que muchas de nuestras definiciones de Iglesia son demasiado complicadas.

El desafío que enfrentaba el estudiante doctoral era de encontrar una manera en que un grupo pequeño o iglesia en casa podría incorporar las marcas de la iglesia a nivel del grupo pequeño (predicando la palabra, celebrando los sacramentos y practicando la disciplina de la iglesia). Tenía que observar las reglas de su denominación que decían, "Un ministro de la palabra sirviendo como pastor en una congregación predicará la palabra, administrará los sacramentos, conducirá cultos públicos, catequizará a la juventud y entrenará miembros para el servicio cristiano".[5] Notemos las palabras: "conducirá cultos públicos". ¿Se podría tener una iglesia sin un culto público? Planeaba comenzar la iglesia con un grupo pequeño. ¿No era eso ya una iglesia desde el comienzo? Su lucha no era apenas un ejercicio teórico. Estaba buscando el sostén económico y el apoyo de la denominación.

Hizo un trabajo admirable al describir punto por punto cómo el primer grupo pequeño participaría en la palabra de Dios, bautizaría a nuevos creyentes, administraría la Santa Cena, e incluso ejercería disciplina cristiana si fuera necesario. De hecho, este estudiante doctoral simplificó la definición de iglesia.

De regreso a lo básico

Charles Broca, un conocido plantador de iglesias y entrenador, dijo una vez:

> Creo que una opinión pervertida y opacada de lo que es la iglesia constituye una de los obstáculos más grandes que enfrentan los plantadores de iglesias. En el Nuevo Testamento, la palabra ´iglesia se aplica a un grupo de creyentes a cualquier nivel, desde un grupo muy pequeño reunido en un hogar hasta el grupo de todos los creyentes verdaderos de la iglesia universal. [6]

De la palabra griega ekklesia (asamblea, reunión) se infiere que no podemos experimentar la iglesia hasta reunirnos. A fin de asegurar que todos tengamos el beneficio del testimonio de otros creyentes, Dios ha ordenado la iglesia local, que consiste de creyentes conectados en una ciudad, pueblo o aldea. ¿Pero qué es exactamente la iglesia local? Alfred Kuen estudió el tema a fondo y escribió su libro Edificaré mi Iglesia.

> Parece que no existe una manera totalmente clara de definir una iglesia local. ¿Sucede cuando ya tenemos estatutos y reuniones con regularidad? ¿Es cuando contamos ya con creyentes bautizados que participan con regularidad de la Santa Cena? ¿Es cuando tenemos oficiales de la iglesia, como ancianos y diáconos? ¿Deben estar vigentes ciertas normas para tener una iglesia local? Ciertamente no incluye un

cierto nivel de madurez; los corintios eran todavía carnales, pero Pablo los llamó iglesia... ¿Cuándo, entonces, puede llamarse iglesia a un cuerpo de creyentes? Yo personalmente me inclino hacia una definición sencilla: un cuerpo de creyentes puede llamarse iglesia cuando se reúnen con regularidad para edificación mutua.[7]

La iglesia de Cristo no requiere las capas de jerarquía que fueron añadidas luego por instituciones religiosas. ¿Pero, qué incluye entonces? John Dawson en su libro best-seller, Tomando Nuestras Ciudades para Dios, escribe:

> No hay un modelo absoluto de lo que debe ser una iglesia local. Una vez pasé toda una tarde con más de cien líderes espirituales de varias denominaciones tratando de acordar una definición universal de lo que es una iglesia bíblica local. Tal vez creas que fue una tarea fácil, pero si consideras todas las culturas y circunstancias de las personas en esta tierra y examinas la diversidad de modelos en la Biblia, puedes comenzar a entender nuestra frustración. Después de muchas horas de discusión, habíamos producido muchos buenos modelos, pero no una definición absoluta aparte de "personas que se mueven juntas bajo el liderazgo de Jesús".[8]

Pablo llamó iglesia a grupos de creyentes antes de tener un liderazgo designado. Pablo y Bernabé habían ya establecido iglesias en Listra, Iconio y Antioquía en su primer viaje misionero. Entonces, en el segundo viaje, Pablo y Bernabé designaron ancianos. Hechos 14:21-23 describe la situación:

> Después de anunciar las buenas nuevas en aquella ciudad y de hacer muchos discípulos, Pablo y Bernabé regresaron a Listra, a Iconio y a Antioquia, fortaleciendo a los discípulos y animándolos a perseverar en la fe. "Es necesario pasar por muchas dificultades para entrar en el reino de Dios", les decían. En cada

Pablo y Bernabé se enfocaron en aquellas cualidades mínimas que hacían la iglesia. Estuvieron intensamente interesados en reunir a seguidores de Jesús juntos bajo un liderazgo. Las iglesias que plantaron eran sencillas y reproducibles.

La asamblea

Jesús dice en Mateo 18:20: ¨Porque donde dos o tres se reúnen en mi nombre, allí estoy yo en medio de ellos¨. Mirando al contexto más amplio de Mateo 18 (específicamente los versículos 15-35) notamos que Jesús está enseñando una lección a los discípulos de cómo tratar el pecado y el perdón. Les dice que deben primeramente hablar a la persona que ha pecado, pero si no se logra la reconciliación, entonces se debe tomar a una o dos personas y probar otra vez. "Si se niega a hacerles caso, díselo a la iglesia; y si incluso a la iglesia no le hace caso, trátalo como si fuera un incrédulo o un renegado" (Mateo 18:17).

La palabra para iglesia en Mateo 18 es la palabra griega ekklesia. En el contexto se encuentra con claridad que Jesús se refiere a la asamblea mayor que los dos o tres que trataron el primer pecado.

Una iglesia, entonces, debe tener más de dos o tres personas de acuerdo a Mateo 18. Pero Jesús no dice cuán grande debe ser la iglesia. Ralph Neighbour, influyente autor y plantador de iglesias, añade su propia perspicacia a la de Mateo 18:

> ¿Cuán grande podría ser la asamblea? Intuyo que consistía de un cuerpo de personas lo suficientemente pequeño como para que todos rindieran cuenta los unos a los otros. Una vez traté con una hermana en una iglesia bautista tradicional que yo pastoreaba. Ella decidió instalarse con un hombre que le ofreció darle de comer y cuidar de ella y de sus dos hijas adolescentes a cambio de dormir con él. Cuando llevé el caso a los diáconos, dijeron: "Pastor, no conocemos a esta mujer excepto por saludarla el domingo en la mañana. No tenemos ninguna autoridad sobre ella". Allí comencé a darme cuenta

que Jesús no pudo haberse referido a una mancha de protoplasma llamada "iglesia" sino que la ecclesia era la expresión de un cuerpo de miembros. ¿No estuvo Jesús definiendo el tamaño del cuerpo cuando escogió a los doce para ser Su comunidad con quienes moraría mientras estaba en la tierra? Pienso que necesitamos ver el cuerpo de Cristo en su forma más básica, lo suficientemente pequeño como para experimentar lo que significa ser una comunidad. [9]

Jesús, en Mateo 18, no está hablando de una asamblea impersonal, anónima. Tiene en mente la responsabilidad mutua y la disciplina de la iglesia. En la asamblea se conocían unos a otros y podían actuar con responsabilidad para confrontar a un hermano o hermana que haya actuado mal.

En una ocasión, cuando plantaba una iglesia, traté con un miembro que estaba abusando sexualmente de su niña. Bajo la convicción del Espíritu Santo se sintió muy sucio y arrepentido, aunque trató de esconder su pecado de su esposa. Este hombre era parte de un grupo pequeño y era bien conocido en la iglesia. Le dijimos que lo dijera él a su esposa o nosotros íbamos a hacerlo. En este caso tuvimos que buscar ayuda de afuera porque el bienestar de la niña tomó precedencia sobre todo lo demás. Pudimos tratar el pecado de este hombre porque estaba comprometido con los creyentes quienes le conocían a él y a su situación.

También he tenido que tratar con personas que no eran miembros de nuestra iglesia. Uno de los miembros de mi iglesia me pidió que hablara con Bobby, quien asistía a una mega-iglesia cercana. Bobby había cometido adulterio y animó a la otra mujer, a quien había embarazado, a tener un aborto y nunca admitió su pecado. Le dije que confesara abiertamente su pecado a los involucrados y hablara con uno de sus pastores. Más tarde escuché que había decidido quedarse anónimo en su iglesia y no tratar el pecado. A través de los años, Bobby ha continuado su vida de promiscuidad sexual, pero sigue asistiendo a su "iglesia".

Mi entendimiento de iglesia

Mis propias convicciones acerca de la iglesia me han llevado a unos pocos principios básicos que creo que muestra el Nuevo Testamento y que deben estar presentes en toda iglesia.

Primero, la iglesia debe consistir de más de tres personas, como se menciona en Mateo 18:15-35.

Segundo, los que están en la iglesia deben responder a los líderes designados por Dios. Esto implica que los líderes deben conocer a los miembros y los miembros deben tener una relación con los líderes. Hebreos 13:17 es muy claro: "Obedeced a vuestros dirigentes y someteos a ellos, pues cuidan de vosotros como quienes tienen que rendir cuentas. Obedecedlos a fin de que ellos cumplan su tarea con alegría y sin quejarse, pues el quejarse no les trae ningún provecho". [10]

Rendir cuentas al liderazgo requiere un compromiso con la iglesia (1 Corintios 5; Gálatas 6:1-2). [11]

Tercero, las Escrituras aseguran con toda claridad que la iglesia necesita operar bajo el señorío de Cristo. Como Señor, Jesucristo es el Salvador de la iglesia. La iglesia sirve a Cristo. Cristo murió y resucitó para que fuera el Señor tanto de los vivos como de los muertos. Una asamblea de personas no es la iglesia si Jesús no es el Señor. [12]

Cuarto: las iglesias deben participar de los sacramentos, tanto del bautismo como de la Santa Cena (ver Mateo 28:18-20; 1 Corintios 11).

Estas son expresiones sencillas de lo que es la iglesia. El centro de la iglesia nunca está en el edificio, sino siempre en las personas. La iglesia verdadera consiste de los que han puesto su fe en Jesucristo y viven bajo Su señorío.

Cuando mi grupo casero se reúne el domingo de noche es plenamente la iglesia. Tenemos un liderazgo designado por Dios, nos reunimos con regularidad, leemos la Palabra de Dios, participamos de los sacramentos—a veces en el grupo en casa y otras veces cuando se reúnen todos los grupos juntos para una celebración en común. Estamos bajo el señorío de Cristo y rendimos cuentas los unos a los otros. Es una reunión muy sencilla—sencilla y reproducible. Nuestra meta es reproducir nuestra iglesia sencilla en el mundo alrededor de nosotros—como lo hizo la iglesia del primer siglo.

Cuando murió mi suegro, en julio del 2008, estábamos en una de las reuniones caseras. Estábamos por entrar en un tiempo de oración por los no creyentes (silla vacía) cuando Celyce, mi esposa, recibió una llamada de su hermana Belinda quien le dio la noticia de que su padre había muerto. Nos reunimos alrededor de Celyce para orar por ella mientras lloraba. La consolamos en una manera sensible, guiados por el Espíritu, mientras nos regocijábamos por dentro de que Leo ya estaba en el cielo y libre de dolor. Celyce nos necesitaba, y el Espíritu trajo consuelo a través de los miembros de una manera muy profunda. Experimentamos la presencia de Cristo en una manera especial a través de la iglesia.

La iglesia verdadera consiste de los que han puesto su fe en Jesucristo y viven bajo Su señorío.

Principios Básicos — ¿Qué es una iglesia?

(1) Debe consistir de más de tres personas (no estoy de acuerdo)

(2) Deben responder a los líderes designados por Dios.

(3) Debe operar bajo el Señorío de Cristo

(4) Deben participar de los sacramentos, tanto del bautismo como de la Santa Cena.

Capítulo Tres

Las primeras iglesias sencilla

Hace unos años di una conferencia en Florida. La iglesia anfitriona me pidió que hablara con el personal, y uno de los pastores hizo una pregunta en cuando a su red de grupos pequeños. Quería saber qué debía hacer cuando su red se multiplicara a la tercera generación de grupos pequeños. Él esperaba aprovechar mi conocimiento sobre las estructuras de mentoría en mega-iglesias. Mi mente repasó los diferentes casos y variantes, pero mi contestación no le pareció muy convincente —y, supuestamente, ¡yo era el experto del tema! De repente se me hizo claro que lo que su iglesia necesitaba era simplificarse. La membrecía había llegado a ser demasiados voluminosa y complicada en su búsqueda de estatus de mega-iglesia. Declaré con firmeza:

> Vuestra iglesia ha llegado a ser demasiado complicada porque ha crecido demasiado. El hecho de que estemos hablando de múltiples capas de multiplicación generacional me dice que necesitáis simplificar el proceso. Necesitáis plantar nuevas iglesias. Regalad algunas de las capas de multiplicación a una nueva plantación de iglesia. No tratéis de calcular cómo mantener a todos bajo el mismo techo. Dios quiere que lleguéis a ser un movimiento de plantación de iglesias—en vez de hacer crecer vuestra propia iglesia para que sea cada vez más grande.

Me sorprendí de mi propia respuesta. Por muchos años había promocionado estructuras complicadas de mentoría en mega-iglesias celulares y escribí libros para ayudar a la gente a entenderlas. Pero comencé a darme cuenta que muy pocas iglesias eran lo suficientemente grandes como para entender lo que estaba escribiendo.

También caí en cuenta que la plantación de iglesias más pequeñas igozaba del beneficio de ser mucho menos complicada!

La iglesia del Nuevo Testamento era sencilla y reproducible. Las iglesias en casas del primer siglo se reunían cuando les era posible. A veces, por la persecución, operaban en forma subterránea. Las iglesias en casas se multiplicaban en nuevas casas, y este sistema sencillo de multiplicación extendió efectivamente el evangelio alrededor del mundo.

Cristo capacitó a las primeras iglesias sencillas

Cristo presentó la fundación de la iglesia en Mateo 16:16-19 cuando preguntó a Pedro cómo le identificaban los demás:

> "Tú eres el Cristo, el Hijo del Dios viviente," afirmó Simón Pedro. "Dichoso tú, Simón, hijo de Jonás" le dijo Jesús, "porque eso no te lo reveló ningún mortal, sino mi Padre que está en el cielo. Yo te digo que tú eres Pedro, y sobre esta piedra edificaré mi iglesia, y las puertas del reino de la muerte no prevalecerán contra ella. Te daré las llaves del reino de los cielos: todo lo que ates en la tierra quedará atado en el cielo, todo lo que desates en la tierra quedará desatado en el cielo."

Jesús edificó la iglesia sobre la confesión de Pedro—que Él mismo es el Cristo. La iglesia se edificó sobre Cristo. Y cuando Jesús dejó esta tierra, prometió sostener a Su iglesia a través del Espíritu Santo. Jesús dijo en Juan 14:15-18:

> "Si me amarais, obedeceríais mis mandamientos. Y yo pediré al Padre, y os dará otro Consolador para que os acompañe siempre: el Espíritu de verdad, a quien el mundo no puede aceptar porque no lo ve ni lo conoce. Pero vosotros sí lo conocéis, porque vive con vosotros y estará en vosotros. No os voy a dejar huérfanos; volveré a vosotros."

El Espíritu Santo (el Consolador) es el que otorga poder a la Iglesia para crecer. Jesús llamó al Espíritu Santo el "Espíritu de Verdad." Este Espíritu de Verdad guió a los discípulos a escribir las mismas palabras de Cristo que ahora tenemos en el Nuevo Testamento. Jesús dice:

> "Pero cuando venga el Espíritu de la verdad, él os guiará a toda la verdad, porque no hablará por su propia cuenta sino que dirá sólo lo que oiga y os anunciará las cosas por venir. El me glorificará porque tomará de lo mío y os lo dará a conocer a vosotros. Todo cuanto tiene el Padre es mío. Por eso os dije que el Espíritu tomará de lo mío y os lo dará a conocer a vosotros" (Juan 16:13-15).

El Espíritu Santo nunca cambia, pero algunas culturas son más receptivas que otras al mensaje de Dios. En el Ecuador nos encontramos con una cultura receptiva. Era relativamente fácil ganar conversos y hacerlos discípulos. Los que predican y plantan iglesias en España, sin embargo, experimentan un camino largo y duro.

Tim y Marilyn Westergren comenzaron a plantar una iglesia en Madrid, España, a comienzo de 1994. Ellos pueden testificar que no fue fácil.[1]

Los españoles en Madrid son generalmente un grupo no receptivo y hasta resistente. Los creyentes evangélicos en España son menos del 1% de la población (algunos cálculos oscilan entre 0.2% y 0.6%). Considerando que los gitanos son por lo menos el 25% de la población evangélica y que un número considerable son Latinoamericanos, el porcentaje de españoles no gitanos que son creyentes nacidos de nuevo es extremadamente pequeño. Aunque es posible guiar a españoles a Cristo, por lo general toma tiempo. La mayoría de las iglesias evangélicas en España son pequeñas y tiene poco impacto en la sociedad.

Tim descubrió que la cultura resistente ocasionó fracturas y estrés en la dinámica del primer grupo piloto. La falta de respuesta y las muchas conversiones abortadas desanimaban al grupo. Tenían que resistir las "enfermedades de los grupos pequeños" cuando vieron que el grupo no se multiplicó después de dos años. Tenían que continuar predicando la Palabra y permitiendo que el Espíritu Santo suavizara los corazones.

Tim admitió que uno de los retos más grandes era el de hacer amistades duraderas entre los no-cristianos. "Encuentro que la mayoría de las personas son amistosos hasta un punto, pero es difícil llegar a un nivel más profundo. Creo que muchos de los españoles están contentos con los contactos de amistad y familia que ya tienen".

El suelo duro de España hizo que la multiplicación de grupos, a través del crecimiento por conversiones, sea muy difícil. La oposición que enfrentan los nuevos creyentes en España hizo que fuera difícil discipularlos en los grupos iniciales. Escribe Tim: "Ha sido una sorpresa agradable ver el número de conversiones—pero muy desanimador ver el número de convertidos que abandonan el camino".

A pesar de los fracasos y retrasos, Tim consideró el costo y se dio cuenta que estaba allí para largo porque entendió que la tierra es dura y que toma tiempo para que las semillas de la palabra de Dios lleven fruto. Escribe Tim: "Estamos kilómetros adelante en las vidas de los que han viajado con nosotros. No creo que regresarían jamás a lo de antes. Me da satisfacción mirar como el Espíritu de Dios se mueve en esta tierra".

En 2003, el equipo de Tim hizo la transición de la iglesia plantada, Comunidad de Fe, a un liderazgo español. La iglesia ahora es una congregación que se auto-gobierna, se auto-propaga y se auto-sostiene. Antes que Tim saliera, la iglesia había crecido a seis grupos—cinco grupos de adultos más un grupo de jóvenes. También había comenzado un culto de celebración con unas sesenta personas.

Entonces Tim se fue a dirigir un equipo de plantadores de iglesias en una ciudad llamada Tres Cantos. Al momento de escribir este libro, hay ocho grupos semanales y reúne, cada dos semanas, a unos sesenta adultos y niños en su culto de celebración, para enseñanza, alabanza y la Cena del Señor.[2]

La iglesia del Nuevo Testamento era sencilla y reproducible. Las iglesias en casas del primer siglo se reunían cuando les era posible. Muchas veces, a causa de la persecución, funcionaban de una manera subterránea.

Las buenas noticias consisten en que Jesús quiere ver vidas cambiadas y que la iglesia crezca. Él está intercediendo en oración para que esto acontezca. El escritor de Hebreos en 7:25 dice: "Por eso puede salvar por completo a los que por medio de él se acercan a Dios, ya que vive para siempre para interceder por ellos." Jesús le dijo a Su padre:

> "Como tú me enviaste al mundo, yo los envío también al mundo. Y por ellos me santifico a mí mismo, para que también ellos sean santificados en la verdad. No ruego sólo por éstos. Ruego también por los que han de creer en mí por el mensaje de ellos, para que todos sean uno. Padre, así como tú estás en mí y yo en ti, permite que ellos también estén en nosotros, para que el mundo crea que tú me has enviado" (Juan 17:18-21).

¡De veras, el Jesús resucitado está orando por el plantador de iglesias!

La iglesia que Jesús estableció es sencilla y reproducible. Está fundada en Cristo mismo y capacitada por el poder del Espíritu Santo. Si se planta una iglesia en una cultura receptiva o resistente, el plantador de iglesia puede tener la seguridad de que el Espíritu Santo está trabajando en los corazones y mentes de las personas a medida que se proclama la palabra de Dios.

La plantación sencilla de iglesias en Los Hechos

La "receta" que tenía la iglesia del primer siglo para plantar iglesias era sencilla: reunirse en los hogares y reunirse juntos cuan a menudo les fuera posible para tener comunión y para escuchar la enseñanza de los apóstoles. Hechos 2:42-47 nos dice:

> Se mantenían firmes en la enseñanza de los apóstoles, en la comunión, en el partimiento del pan y en la oración. Todos estaban asombrados por los muchos prodigios y señales que realizaban los apóstoles. Todos los creyentes estaban juntos y tenían todo en común: vendían sus propiedades y

posesiones, y compartían sus bienes entre sí según la necesidad de cada uno. No dejaban de reunirse en el templo ni un solo día. De casa en casa partían el pan y compartían la comida con alegría y generosidad, alabando a Dios y disfrutando de la estimación general del pueblo. Y cada día el Señor añadían al grupo los que iban siendo salvos.

Era una experiencia sencilla. Encontraron la expresión de su nueva fe en el ambiente del hogar. La presencia del Espíritu Santo ocupó la atmósfera de hogar para dar testimonio de la nueva familia, la iglesia de Cristo. Reuniéndose en casas trajo la fe al diario vivir. La primera iglesia en Los Hechos:

- se reunía diariamente
- era instruida en la doctrina de los apóstoles
- experimentaron juntos una comunión profunda
- se amaban y compartían los bienes unos con otros
- partían el pan unos con otros
- oraban los unos por los otros.

Mi libro favorito sobre la plantación de iglesias es Creando comunidades del Reino, de David Shenk y Ervin Stutzman, plantadores experimentados. Ellos escribieron:

Aprendimos que la iglesia creció y se multiplicó grandemente a medida que un vecino contaba a otro las buenas noticias de Jesucristo. Podemos asumir que a medida que las salas pequeñas de los hogares se llenaban de personas, los grupos se dividían y formaba nuevas células. Pronto las 100 o más congregaciones originales se multiplicaban y llegaban a ser centenares de fraternidades a través de todo el área metropolitana. Testificaban con poder, de manera persuasiva, de los hechos salvadores de Dios.[3]

Imaginemos el ambiente dinámico de la iglesia del primer siglo. Los líderes y las iglesias se multiplicaban espontáneamente y llenaban la ciudad. ¿Ocurre algo parecido el día de hoy?

Al hablar con personas en el ministerio, constantemente escucho de la eficacia de la Antioch Community Church (ACC) en Waco, Texas. Jimmy Siebert, el pastor fundador de ACC, fue radicalmente transformado a la edad de diez y siete años. Comenzó grupos pequeños en los predios de la Universidad Baylor, que eventualmente crecieron a 600 estudiantes en cuatro predios. Él y algunos de los estudiantes escribieron un libro que se llama Alcanzando a estudiantes de la universidad a través de células. En 1999 Jimmy comenzó ACC.

ACC ha enviado 38 equipos de plantadores de iglesias por todo el mundo (a 24 naciones) y tienen un personal de 450 personas para apoyar a misiones. ACC nunca se ha sentido contenta con hacer crecer una sola iglesia cada vez más grande. Más bien, cuando la iglesia madre "se da" a sí misma sigue creciendo (135 grupos de vida y 2.500 personas que asisten a los cultos). Como a la iglesia del Nuevo Testamento, ellos piensan que Dios les ha llamado a ser un movimiento para plantar iglesias. Una vez Jimmy me contó que las iglesias necesitan ofrecer a su gente una visión misionera práctica para alcanzar al mundo. Como pastor en la universidad, notó que las organizaciones paraeclesiásticas muchas veces tenían más enfoque misionero que la misma iglesia. "El plan de Dios es que la iglesia ofrezca una visión mundial. Los jóvenes anhelan adquirir una visión que cambie el mundo", dijo Jimmy.

ACC practica el principio de la multiplicación—en sus grupos, líderes, iglesias y misioneros. Cada año ACC ofrece, en forma rotativa, sea una conferencia de misiones o una conferencia de plantación de iglesias.

Antioch cree y enseña la necesidad del quebrantamiento y de la llenura del Espíritu Santo que producen una obediencia radical. Esta iglesia enfatiza conceptos bíblicos sencillos y claros. Presioné a Jimmy para que me contara del modelo que había utilizado. Él enfatizó en su deseo de seguir principios bíblicos. "En mi experiencia, la iglesia en general no hace bien las cosas bíblicas y sencillas, se contenta con seguir modelos", me dijo.

Hace diez años Sean Richmond salió de ACC para plantar una iglesia en Boston, Massachussets. Como otros plantadores de iglesias, Sean comenzó un grupo de vida que se multiplicó y eventualmente llegó a celebrar un culto al mes. A medida que crecían y se multiplicaban los grupos de vida, llegaron a tener un culto de celebración por semana. Hoy en día, la iglesia en Boston cuenta con unos veinte grupos de vida y 300 personas en la adoración en el gimnasio de un colegio del vecindario. Pero todavía su meta es de comenzar un movimiento. Estaban muy animados a mandar su primer equipo misionero para plantar iglesias en un país de acceso restringido.

Recientemente Robert Herber plantó una iglesia ACC en San Diego, California. Aunque él creció en un hogar cristiano, no comenzó a caminar con Dios sino hasta conectarse con el pueblo apasionado de ACC en la Universidad de Baylor. Él también se apasionó, creció en el Señor y eventualmente levantó apoyo económico para plantar una iglesia (todos los plantadores de iglesias levantan sus propios fondos). Como todos los plantadores de iglesias de ACC, Robert reunió un equipo. El equipo de Antioch se les unió para comenzar el primer grupo de vida. Mediante el grupo piloto inicial se preparó a los de San Diego a ser los líderes de los futuros grupos de vida. Su meta era ganar para Jesús a tantas personas como les fuera posible y comenzar grupos de vida en el proceso. Robert escribe: "¡Hoy fueron salvos dos estudiantes más: el vecino de al lado y el lanzador del equipo de béisbol!"

Los grupos de vida en casas son la base de la plantación de iglesias en Antioch. También eran el fundamento de la plantación de iglesias en el primer siglo. Al leer las cartas del Nuevo Testamento, a veces nos olvidamos del contexto de aquellos primeros creyentes. Pablo escribía a las iglesias en casas:

- Hechos 12:12:"Consciente de lo sucedido, fue a casa de María, la madre de Juan, apodado Marcos, donde muchas personas estaban reunidas orando".
- Romanos 16:3'5: "Saludad a Priscila y a Aquila, mis compañeros de trabajo en Cristo Jesús. Por salvarme la vida, ellos arriesgaron la suya. Tanto yo como todas las iglesias de los gentiles les estamos agradecidos. Saludad igualmente a la iglesia que se reúne en su casa. Saludad a mi querido hermano Epeneto, el primer convertido a Cristo en la provincia de Asia".
- I Coríntios 16:19: "Las iglesias de la provincia de Asia os mandan saludos. Aquila y Priscila os saludan cordialmente

en el Señor, como también la iglesia que se reúne en la casa de ellos".

- Colosenses 4:15: "Saludad a los hermanos que están en Laodicea, como también a Ninfas y a la iglesia que se reúne en su casa".
- Filemón 2: "y a la hermana Apia, y a Arquipo nuestro compañero de lucha, y a la iglesia que se reúne en tu casa."

Cuando Pablo escribe acerca de creyentes sirviéndose unos a otros durante la cena del Señor, imagínate el contexto de un hogar. Cuando Pablo expone el uso de los dones espirituales, visualiza el ambiente de una iglesia en casa. Cuando aclara el rol de cada miembro del cuerpo de Cristo, imagínate el ambiente caluroso de un hogar en la época de la iglesia primitiva. John Mallison escribe: "Es casi seguro que toda mención de una iglesia local o reunión sea para la adoración o la comunión es, de hecho, una referencia a la reunión de una iglesia en una casa".[4]

Probablemente de diez a veinte personas se reunían en cada uno de los grupos caseros. Algunos eruditos creen que había probablemente 100 a 200 de estas congregaciones pequeñas reuniéndose en casas en el área de Jerusalén. Se congregaban para la celebración y la enseñanza de los apóstoles (Hechos 2:46). El Nuevo Testamento y la historia de la iglesia confirman que la iglesia históricamente ha seguido tanto una estructura de grupos pequeños como de grupos grandes (ver en el apéndice cinco el análisis que hace Bill Beckham tanto de los grupos grandes como de los grupos pequeños).

Cuando la iglesia primera ya no podía reunirse abiertamente a causa de la persecución, las personas se reunían en casas.

Algunos han señalado, sin embargo, que aun después de la persecución las primeras iglesias caseras se reunían ocasionalmente para una celebración conjunta. La fiesta de amor de 1 Corintios 11 y la visita de Pablo a Troas en Hechos 20:6-12 podrían ser dos ejemplos de celebraciones unidas. Las iglesias en casas eran los círculos pequeños de comunión dentro de la comunión más grande de la iglesia de la ciudad. Pablo escribió: "A la iglesia de Dios en Corinto, a los santificados en Cristo Jesús". También escribió en el mismo libro a una iglesia individual en casa: "Aquila y Priscila os saludan cordialmente en el Señor, como también la iglesia que se reúne en la casa de ellos" (1 Cor.16:19). Pablo repite este modelo en su epístola a los tesalonicenses y a los romanos (1 Tes.1:1; 2 Tes.1:1; Rom.16:23).

El ambiente de cuidado caluroso de las iglesias en casas prevaleció por cuatro siglos. El mundo trató desesperadamente de aniquilar a la iglesia de Cristo por medio de la tortura, el terror y la persecución. A pesar de la feroz persecución, la iglesia crecía de manera exponencial. Las poderosas legiones romanas no pudieron detenerla, y el cristianismo pronto se extendió por el mundo entero. Jesús, el Señor de la Iglesia, otorgó la victoria. Satanás hubiera lucido mejor en su lucha contra una iglesia centralizada grande. Pero era inútil tratar de destruir iglesias dispersas, reuniéndose en casas a través del imperio. La estructura de las iglesias en casas era lo suficientemente sencilla como para esparcirse rápidamente y reagruparse cuando la persecución tocara a la puerta.

Pablo y la plantación sencilla de iglesias

Pablo fue el plantador más eficaz de iglesias del primer siglo. Plantó iglesias sencillas y reproducibles, y siguió a nuevos lugares para esparcir las llamas. En un momento de su ministerio dijo: "Así que habiendo comenzado en Jerusalén, he completado la proclamación del evangelio de Cristo por todas partes, hasta la región de Iliria" (Romanos 15:19). Antes del año 47 d. C. no había iglesias en aquellas provincias. En el año 57 d. C. Pablo hablaba de haber terminado su trabajo. Roland Allen, autor británico que estudió la vida de Pablo, escribe:

> Éste es un hecho verdaderamente asombroso. Que iglesias pudieran establecerse tan rápidamente y con tanta seguridad, nos parece hoy casi increíble, porque estamos acostumbrados a las dificultades, la incertidumbre, los fracasos, la recaída desastrosa de nuestra propia obra misionera.[5]

Pablo creía en levantar líderes, entregarles la obra y seguir adelante. Practicó la plantación sencilla de iglesias.

El llamado de Dios   ~requisito para plantar iglesias.

Pablo fue llamado a predicar el evangelio y a plantar iglesias. Hechos 9:1-19 explica la conversión radical de Pablo y su llamado. El llamado que Pablo tenía no le permitió abandonar el trabajo. Sabía que rendiría cuentas al Maestro, y quería decir lo que Jesús le dijo al Padre: "Yo te he glorificado en la tierra, y he llevado a cabo la obra que me encomendaste" (Juan 17:4).

La tarea de plantar iglesias es tan exigente que los que participan en ella, como Pablo, tienen que ser llamados por Dios. Una cosa es creer en una buena idea; las buenas ideas vienen y se van. Pero cuando una persona es llamada por Dios va a quedarse con la idea hasta cumplirla. La falta de un verdadero llamado de Dios es la razón por la que muchos plantadores de iglesias se dan por vencidos.

En mi primera plantación de iglesia, mis estudios en el seminario aportaron poco al desarrollo de mi ministerio. Me acuerdo que le rogaba a Juana (no es su verdadero nombre) a usar el dinero que ella recibía del gobierno en comprar comida para sus hijos en vez de drogas para ella misma. Me sentí tan inadecuado tratando de plantar una iglesia entre personas como Juana. Como vivía a una hora del Seminario Fuller —durante el tiempo cuando la teoría del igle-crecimiento estaba de moda— traté de aprender sobre plantación de iglesias de muchos talleres y cursos que ofrecía Fuller. Me encontré dando botes de una a otra técnica del crecimiento de iglesia. Mi pobre iglesia daba botes conmigo mientras experimentaba con una innovación fallida tras otra.

Mi problema era que ninguna literatura sobre el crecimiento de la iglesia realmente trataba de cómo plantar una iglesia en un barrio urbano. Mi área era una de las regiones étnicamente más diversas de California. Los que asistían a la iglesia eran blancos, negros, latinos y asiáticos. Algunos domingos llegaban muchos—en otros fines de semana los cultos parecían una ciudad fantasma.

Aunque a mi contexto no se aplicaba la mayor parte de la literatura sobre el crecimiento de la iglesia --que venía de los vecindarios crecientes de clase media de fuera de la ciudad-- yo anhelaba el éxito con tanto ahínco que probaba cualquier méto-

(n) effort, eagerness,
zeal

do que prometía resultados. Un día amaba el iglecrecimiento, y al otro día lo detestaba.

Aunque teóricamente estaba alborotado como las olas del mar, siempre podía regresar al hecho que Dios me había llamado a plantar iglesias. La Biblia era mi libro de guía. El Espíritu me animaba a seguir.

Por medio de todo esto Dios me estiró y me moldeó. Los sentimientos de fracaso solamente provocaron que dependiera más de Jesucristo. ¿Adónde más podría ir?

Plantar una iglesia exige tanto, que los que participan en ello, como Pablo, tienen que ser llamados por Dios.

Pablo el apóstol no se apartó de su llamado celestial de plantar iglesias. Su visión de plantar iglesias fue el resultado de oración, ayuno y la lectura de la Palabra. Constantemente buscaba conocer a dónde le dirigía este llamado y en qué dirección lo llevaba. En Hechos 16:6-7 leemos que Pablo y sus compañeros viajaron por toda la región de Frigia y Galacia, habiendo sido prohibidos por el Espíritu Santo de predicar la Palabra en la provincia de Asia.

Cuando llegaron a la frontera de Misia, trataron de entrar a Bitinia, pero el Espíritu no les permitió. Pablo se sintió impulsado a seguir el llamado del Espíritu, aun cuando abundaban las dificultades y los problemas.

En medio de obstáculos mayores, con frecuencia también se presentan las oportunidades. Pablo dijo a la iglesia de Corinto: "Pero me quedaré en Éfeso hasta Pentecostés, porque se me ha presentado una gran oportunidad para un trabajo eficaz, a pesar de que hay muchos en mi contra" (I Cor. 16:8-9). Los que se opusieron a Pablo no podían impedir que entrara por esa puerta abierta. Él conocía el llamado de Dios para su vida: plantar iglesias. Ninguna otra cosa tenía mayor importancia.

Las tribulaciones

Pablo conocía de primera mano peligros y dificultades. Los enfrentaba continuamente. Le forzaron a defenderse en contra de los ataques de los falsos apóstoles. Él escribió:

¿Son servidores de Cristo? ¡Que locura! Yo lo soy más que ellos. He trabajado más arduamente, he sido encarcelado más veces, he recibido los azotes más severos, he estado en peligro de muerte repetidas veces. Cinco veces recibí de los judíos los treinta y nueve azotes. Tres veces me golpearon con varas, una vez me apedrearon, tres veces naufragué, y pasé un día y una noche como náufrago en alta mar. Mi vida ha sido un continuo ir y venir de un sitio a otro; en peligros de ríos, peligros de bandidos, peligros de parte de mis compatriotas, peligros a manos de los gentiles, peligros en la ciudad, peligros en el campo, peligros en el mar y peligros de parte de falsos hermanos. He pasado muchos trabajos y fatigas, y muchas veces me he quedado sin dormir; he sufrido hambre y sed, y muchas veces me he quedado en ayunas, he sufrido frío y desnudez. Y como si fuera poco, cada día pesa sobre mí la preocupación por todas las iglesias (2 Coríntios 11:23-28).

Plantar iglesias es difícil. Es fácil sentirse fracasado. Sólo plantadores de iglesias comprenden el dolor emocional profundo que viene de la falta de crecimiento—el sentimiento de que no has llegado. Un plantador de iglesias me escribió:

Soy un sacerdote anglicano (antes episcopal) que plantó una iglesia celular en Tallahassee, Florida en 2002. La iglesia ha seguido creciendo en número y hemos visto muchas transformaciones. Pero todavía el proceso es m-u-y lento. Al momento tenemos 7 células con unas 50 personas en total. Al comenzar pensaba que arrasaría como fuego abrasador. Lucho continuamente con el demonio interior de que esto no es "suficiente", que es mi culpa que no haya crecido más rápidamente. Tengo que luchar con la mentira de "si sólo hubiera". A través del crecimiento, sin embargo, estoy aprendiendo enfocarme en serle fiel y a darle gracias por los cambios que veo en las vidas de las personas.[6]

Bob Roberts Jr. Escribe: "pastores que levantan otros pastores y plantan iglesias de sus iglesias son generalmente pastores que han sido quebrantados. Este quebrantamiento generalmente es el resultado de esfuerzos fallidos por lograr sus propios sueños en vez de los de Dios". (7) Mucha gente no acepta al plantador de iglesias hasta ver su respuesta en la batalla—si toma el plan de Dios con suficiente seriedad como para regocijarse en la adversidad.

A mi no me gusta ser débil; quiero ser fuerte. Pero cuando no llega la gente o cuando falla el proyector, y me siento débil e impotente, Dios está más cerca y es más fuerte.

Nunca voy a olvidar el culto de Navidad de 2005. Un joven creyente me pidió el día anterior al culto si podría dar un breve testimonio. ¿Por qué no?, nos dará un poco de variedad, pensaba. Era un hermano fiel y me regocijaba que personas nuevas quieran involucrarse.

Al terminar el culto, le di tiempo para compartir y comenzó por entregar tarjetas de Navidad. Qué bueno, pensé. Entonces procedió a decir a la congregación, "Sólo quería avisaros que estoy saliendo de la iglesia. Vosotros como iglesia me habéis tratado muy mal durante el tiempo cuando yo necesitaba ayuda. Todos sabéis que no he tenido trabajo y no habéis estado cuando os necesitaba. Estoy saliendo."

Traté de sofocar el daño parándome rápidamente, abrazándo al hermano y terminando el culto con algo de gracia. Pero ya se había hecho el daño y la congregación estaba atónita. Yo también. Éramos una congregación muy pequeña y no podíamos aguantar un testimonio tan negativo como aquel. Para hacerlo peor, otra pareja más madura de la iglesia había provocado al hermano al chismorrearle en contra de la iglesia. En seguida percibí que el problema mayor era la pareja chismosa que tenía mucho más influencia con otros en nuestra congregación.

Después del culto, y los días siguientes, persistentemente explicaba la realidad de la situación a todos. Varias semanas anteriores el equipo pastoral había decidido darle $300, pero uno del equipo se había olvidado de darle la noticia. Mis explicaciones no ayudaron mucho—tanto la pareja como el joven salieron de la iglesia.

Claro, aprendimos lecciones grandísimas—una de ellas era de comunicarnos más eficazmente. Mirando hacia atrás, la salida de la pareja chismosa fue una bendición. A mi no me gusta que gente influyente deje la iglesia, pero chismosos con influencia—como esta pareja—pueden destruir la iglesia.

Plantadores de iglesias que leen este libro saben que la situación que acabo de describir es parte del oficio de plantar una iglesia. Tienes que aceptarlo y, en dependencia a la dirección del Espíritu Santo y a la Palabra de Dios, seguir adelante. Keith Bates, un plantador de iglesias en Austria escribe:

> Comenzamos nuestra iglesia con la convicción que creceríamos a 1.000 personas en un pueblo de 7.000. Después de casi diez años estamos a treinta y pico, pero creciendo. He pasado por cinco años de desánimo profundo, a veces depresión, durante los cuales he pensado rendirme. Muchas veces me he sentido como el irlandés que quiso cruzar a nado el Canal de la Mancha—llegó a 3/4 de la meta y se regresó porque era demasiado lejos llegar al final. Me he dado cuenta que mi fidelidad a Dios tiene mucha más importancia a Su vista que mi éxito, es la obediencia a Su llamado lo que cuenta, sea que consiga o no números más grandes que otros.[8]

Todos los plantadores de iglesias experimentan sentimientos de fracaso que surgen de la falta de crecimiento—o del deseo de que el crecimiento sea más rápido. Parte de la soledad llega de no saber cómo o con quien compartir estas realidades. Phil Crosson, un plantador de iglesias en Oregon, dijo:

> Como plantador de iglesias yo sé lo que es sentirse solo. En realidad no lo entendí ni aun lo aprecié hasta experimentarlo yo mismo. Las miradas vacías, el encogerse de hombros, todo es lo mismo. He llegado a aprender mucho acerca de mí mismo durante aquellos tiempos. Lo más importante que he aprendido es que en realidad no quiero respuestas sino como comprensión. Lo que quiero decir es esto.

Muchas veces cuando expreso mi soledad, las personas van a querer animarme con buenas palabras o respuestas razonables. Todo esto está bien, pero cuando me siento solo, por lo general sólo quiero comprensión.[9]

Si pruebas y tribulaciones vienen porque la iglesia no crece, también pueden aparecer a causa del crecimiento. Ralph Moore, fundador del movimiento Hope Chapel, escribe:

Una Iglesia nueva puede ser un imán que atrae a cristianos contrariados quienes han tenido una historia de conflicto en otras iglesias. Mi observación a través de los años me dice que más iglesias nuevas se vienen abajo por la falta de habilidad para confrontar a personas perturbadoras que por cualquier otra causa. Mi propia vida fue miserable hasta que aprendí a confrontar en amor. Evitaba hablar con personas difíciles. Esta falla de mi parte, sin yo querer, les dio libertad de reinar sobre la iglesia.[10]

Personas contrariadas muchas veces llegan a las nuevas iglesias tratando de reclamar su parte en la obra inicial. Los plantadores de iglesias tienen que estar en guardia ante a las actitudes controladoras de tales personas. Personas emocional y espiritualmente inestables también se sienten atraídas a las nuevas iglesias que se están plantando.

Las pruebas vienen en toda forma y tamaño. A veces llegan en la forma de personas contrariadas; otras veces por decir "adiós" a los que formaron parte de la iglesia desde el comienzo, pero que deciden irse a otra parte.

No importa el tipo de prueba, la familia del plantador de iglesias también se siente impactada. Por ejemplo, yo viajo por todo el mundo y hablo en iglesias vibrantes. Estas experiencias me llenan y compensan por cualquier falta de emoción en plantar iglesias.

Mi esposa y mi familia, mientras tanto, encuentran su comunidad primaria en la plantación de iglesia. En los años iniciales en Wellspring, mi esposa echó de menos las experiencias *esposa* exuberantes de adoración. Dependía más que yo de Wellspring para su alimento espiritual. Como una nueva plantación de iglesia no podíamos ofrecerle la experiencia dinámica que ella anhelaba. A veces tenía que depender de su tiempo a solas con Dios para nutrirse.

Y viene la cuestión de los niños. Wellspring era la primera *hijos* plantación de iglesia en la cual estábamos involucrados como familia en desarrollo. Les guste o no a mis hijas, ellas formaban parte de las pruebas de plantar una iglesia. Puedo recordar el dolor de mis hijas cuando lloraban porque no tenían amigos íntimos en la iglesia o porque personas claves salían de la iglesia (a quienes habían llegado a querer y apreciar). La familia del plantador de iglesias no puede dejar la iglesia como las otras.

La actitud del plantador de iglesias hace toda la diferencia en el mundo. Aunque abundan las tribulaciones, hay también muchas oportunidades maravillosas para crecer en la fe. Cada una de mis hijas en este momento tocan algún instrumento en el equipo de alabanza, han estado involucradas en la danza sacra y han dirigido un grupo pequeño. Dios ha ocupado la plantación de una iglesia para prepararlas para un futuro ministerio.

Levantando nuevos líderes

Pablo cultivó a Timoteo como líder por pasar tiempo con él en el ministerio práctico (Hechos 16:1-10). Entonces pidió a Timoteo tomar el próximo paso para preparar a otros. Pablo le dijo: "Lo que me has oído decir ante muchos testigos, encomiéndalo a creyentes dignos de confianza, que a su vez estén capacitados para enseñar a otros" (2 Timoteo 2:2).[11]

Después de levantar a nuevos líderes, Pablo a menudo les visitaba para asegurar el control de calidad. También oraba por ellos, les escribía y les mandaba consejos a través de sus cartas.

Mi buen amigo, Rob Campbell (Iglesia Cypress Creek, en Wimberley, Texas) tiene una red de setenta y tres plantaciones de iglesias alrededor del mundo. Rob cree que debe levantar a su gente desde adentro. Una vez le pregunté si le interesaría un dinámico pastor de jóvenes que estaba mandando su currículum. Me dijo: "Joel, mi convicción es de levantar mi liderazgo desde adentro de mi iglesia. Busco a los fieles y a los que llevan fruto, que ya conocen la cultura de nuestra iglesia aquí en Cypress Creek."

¿Dónde encuentra Rob ese liderazgo? Entre los estudiantes universitarios. La Iglesia Cypress Creek tiene un ministerio fructífero en la ciudad vecina de San Marcos, hogar de la Universidad de Texas State San Marcos. Cypress Creek prepara --a estudiantes y a recién graduados-- en el ministerio de los grupos pequeños y, entonces, trabaja con estudiantes de postgrado que quieran plantar iglesias alrededor del mundo. Normalmente trabaja con 15 -16 estudiantes a la vez. Son estudiantes que han demostrado cualidades del carácter de Dios tanto como la habilidad práctica de alcanzar a no creyentes y multiplicar los grupos. El personal de Cypress Creek se turna para reunirse con estos estudiantes y recién graduados una vez por mes para entrenamiento y mentoría (quizá lean un libro juntos, etc.).

El último desafío consiste en pedir al potencial plantador de iglesias que alquile un piso y trate de reunir gente para un culto de celebración. La meta es determinar si el potencial plantador de iglesias puede no solamente dirigir un pequeño grupo y multiplicarlo, sino también que él o ella puede reunir a estos grupos pequeños en el ambiente de celebración para enseñar la Palabra de Dios.

Los plantadores de iglesias que Rob levanta continúan rindiendo cuentas a Rob, a sus compañeros pastores y a su red de iglesias.

La actitud de un plantador de iglesias hace toda la diferencia del mundo. Aunque tribulaciones abundan, hay también muchas oportunidades maravillosas para crecer en la fe.

Aunque Pablo cuidó de los líderes de las iglesias que él y sus colaboradores habían plantado, él dependía del Espíritu Santo para guiar a las iglesias.

El hecho es que Pablo plantaba iglesias y seguía adelante—dejando incluso nuevos convertidos al cuidado de las iglesias. Pablo predicaba en un lugar por cinco o seis meses y entonces dejaba una iglesia. Predicó en Listra por unos seis meses en su primer viaje misionero y, entonces, designó ancianos y salió por unos diez y ocho meses. Regresó y visitó a la iglesia en Listra por dos meses y salió otra vez. Después de tres años, volvió a visitarla pero sólo se quedó un mes.

Probablemente Pablo se quedó en Tesalónica por seis meses, y no visitó a la iglesia por cinco años. De todas formas escribe a "la iglesia de los tesalonicenses" y habla de esta iglesia en términos de igualdad como "las iglesias de Dios en Judea" (ver 1 Tesalonicenses 1:1; 2:14).

En Corínto pasó año y medio durante su primera visita, y entonces no regresó por tres o cuatro años. De todos modos escribió cartas a una iglesia plenamente equipada y bien establecida. Roland Allen escribe:

> Aunque parezca una paradoja, pienso que es posible que el corto tiempo de su estadía pueda haber conducido en gran medida al éxito de San Pablo. Hay algo en la presencia de un gran maestro que a veces tiende a impedir que se realicen hombres más pequeños. Al dejarlos pronto, San Pablo dio a los líderes locales la oportunidad de tomar su debido lugar y forzó a la iglesia a darse cuenta de que no podía depender de él, sino que tenía que depender de sus propios recursos.[12]

Una de las maneras que Pablo enseñaba a la gente era por medio de animarse mutuamente. Todos tenían la oportunidad de ministrar. El poder del Espíritu Santo y la presencia viva de Cristo eran suficientes para sostener a las iglesias jóvenes.

En el libro Hombre celestial, el hermano Yun habla de la plantación de iglesias en la China contemporánea. Dios le llamó a comenzar una "estación de abastecimiento"—un centro de entrenamiento para enviar plantadores de iglesias a través de la China. Estos obreros sencillos se reúnen en una cueva para orar, estudian la Palabra de Dios y aprenden a amarse los unos a los otros. Tienen poca comida y menos dinero. De todos modos, el Espíritu Santo los preparó para llegar a ser sencillos plantadores de iglesias extendidas por toda la provincia Henan. Por la plantación de iglesias sencillas en casas, unas 123.000 personas se bautizaron en sólo dos años. A través de la protección de Dios y la dirección y convicción del Espíritu, muchos llegaron a ser seguidores-de-Cristo, y se plantaron tantas iglesias que no se pueden contar.[13]

Cristo capacitó a las primeras iglesias.

El Espíritu Santo otorga poder a la Iglesia para crecer.

La Iglesia que Cristo estableció es sencilla y reproducible.

Pablo usó este modelo.
    Levantó líderes
    Les entregó la obra
    Siguió adelante

El llamado de Dios es un requisito para plantar iglesias.

Hay muchas tribulaciones en la vida del plantador de iglesias.

Fidelidad a Dios en la vida del plantador es mucho más importante que el éxito en plantar.

La familia del plantador se siente impactada.

Pablo usó este modelo — levantar líderes, entregar la obra y salir. De esta manera, no se impide el desarrollo de nuevos líderes que talvez no desarrollaran si Pablo permaneciera.

Poder del Espíritu Santo }
Presencia viva de Jesús } sostiene a las iglesias jóvenes

Sección Dos

Los principios que guían las iglesias sencillas

Capítulo Cuatro

¿Tienes lo que se requiere?

Juan Varrelman sintió el llamado de Dios al pastorado a la edad de 19 años. En su iglesia madre, la Iglesia Nueva Vida, en Puyallup, Washington, EE.UU., se ofreció como voluntario de casi todo. También trabajó muy duro para obtener su licenciatura en teología de la Universidad Southwestern.

Después de graduarse, Juan trató de encontrar, sin éxito, un trabajo como pastor cerca de su iglesia madre. Daba gracias por la oportunidad de predicar en su iglesia, pero anhelaba un trabajo a tiempo completo. Dios lo bendijo con un trabajo en la compañía FedEx para pagar las cuentas y sostener a Janet, su esposa. Algún día tendría también que sostener a una familia, de modo que mantener un lugar en el mercado de trabajo era importante.

Sin embargo, la frustración de Juan de no estar en el ministerio a tiempo completo se incrementaba a diario. "Verdaderamente yo quiero ser pastor", le confesó a Janet. "No me veo trabajando en FedEx por mucho tiempo".

Entonces Juan asistió, en Tacoma, Washington, a una conferencia sobre plantación de iglesias. Sintió la carga de los que no tienen a Cristo y se dio cuenta cuán importante era comenzar nuevas iglesias. La plantación de iglesias le daría la oportunidad perfecta de extender sus alas--y quizá comenzar su propio movimiento de nuevas iglesias. No se consideraba un empresario—ni siquiera una persona con el don de gentes. Pero en la conferencia fue desafiado a considerar que Dios puede ocupar a quien Él quiera.

Janet estaba dispuesta, pero un poco indecisa. Bombardeó a Juan con muchas preguntas prácticas, pero la visión y ánimo de Juan la movió a decir que sí. Estaban listos y decidieron hacerlo.

En las semanas y meses siguientes Juan compró todo lo que encontraba en cuanto a plantación de iglesias, incluyendo los libros recomendados en la conferencia. Estaba emocionado que el pastor Mark de la Iglesia Nueva Vida le ofreciera $200 por mes por los primeros dos años. "Siento mucho que no podemos asignarte personas que te acompañen en este momento. Como tu sabes, la asistencia ha bajado mucho en este año".

Juan conocía la parte sur de Seattle, habiendo vivido allí por cinco años antes de mudarse a Puyallup. Calculó que sería el lugar perfecto para plantar la iglesia. Él y Janet se mudaron para allá en julio y comenzaron a hacer amigos entre sus vecinos. Dos meses después abrieron un estudio bíblico en su casa. Llegaron tres personas. Después de distribuir hojas volantes en la vecindad, dos más comenzaron a asistir.

Juan se enfocó, sin embargo, en la fecha del "lanzamiento" en febrero. Tanto él como Janet sintieron que los cultos dominicales darían la visibilidad necesaria y atraerían a más visitantes. Encontraron un centro comunitario local de alquiler y comenzaron a anunciar el primer culto dominical.

Asistieron cincuenta y cinco personas el primer domingo de febrero. ¡Juan estaba encantado! Aunque veinte personas eran visitantes de Nueva Vida, Juan tenía la confianza de que todo estaba en su lugar para continuar con el crecimiento de la iglesia. A Juan le encantaba predicar. He encontrado mi llamado, se dijo a sí mismo. En los próximos cuatro meses, la asistencia variaba entre 25 y 35 personas, aunque Juan se pasaba mandando hojas volantes, enviando propaganda y anunciando la iglesia en el Internet.

Juan no se consideraba una persona pendiente de los números y se opuso vigorosamente al síndrome del éxito en el igle-crecimiento. Pero, a medida que pasaban los meses, admitió que tenía sentimientos de haber fracasado. ¿Dónde están las personas que se comprometieron a llegar cada semana? No se sentía a gusto en los cultos dominicales porque estaba consumido de preocupación por aquellos que no llegaban. Sentía que estaba empujando una carreta cuesta para arriba. La emoción de plantar una iglesia ya se le había desvanecido: ahora su enfoque estaba en sobrevivir. Temía contar a sus amigos y a sus colegas pastores lo que estaba pasando en la iglesia. Se sintió un fracasado.

Ocho meses después de comenzar la iglesia, una familia clave salió de la iglesia para asistir a una mega-iglesia, reduciendo el número de asistentes de 25 a 17. Entonces otra familia salió. Cuando un domingo llegaron siete personas, incluyendo a Janet, Juan estaba fuera de sí. Después de aguantar la misma baja asistencia por varios meses y una actitud cada vez más negativa entre los miembros, Juan y Janet tomaron la decisión de cerrar la iglesia. Los miembros de la iglesia les animaron a considerar un cambio. Juan trató de poner buena cara a la decisión por decirles a sus amigos y a la familia que era "la voluntad del Señor." Pero por dentro gemía ante Dios y se sentía muy avergonzado.

La experiencia de Juan y Janet es muy común. Y el dolor es intenso. ¿Hay alguna manera de saber de antemano quien plantaría una iglesia con éxito?

¿Hay un don específico para plantar iglesias?

¿Si Juan Varrelman hubiera demostrado tener el don de la enseñanza, hubieran acudido más personas a escucharlo? Después de todo, la iglesia de Chuck Swindoll creció rápidamente; llegaban hordas de personas a escucharle. Escuché a Chuck Swindoll predicar una vez cuando pastoreaba en Fullerton, California y salí atónito de su poderosa enseñanza. Sus fascinantes ilustraciones, más claras que el agua, me abrieron nuevas ventanas a pasajes bíblicos difíciles. ¡No es de sorprenderse que la gente se embutiera en la iglesia para escucharlo! Pero Juan Varrelman no era Church Swindoll.   *embutirse – to stuff myself*

¿Y qué del don del apostolado? La mayoría de nosotros estaríamos de acuerdo en que Pablo el apóstol tuvo plenamente el don para plantar iglesias. Muchos miran a Pablo como el plantador de iglesias más grande de todos los tiempos. La palabra apóstol se ocupaba en tiempos antiguos para referirse a un almirante a cargo de una flota de navíos que, bajo la orden de un gobernante, comenzaba una colonia. Los apóstoles de aquel entonces tenían toda la autoridad de comenzar colonias en tierras foráneas. En el Nuevo Testamento, el don apostólico se aplica a plantadores de iglesias como el apóstol Pablo, quien era pionero en nuevos territorios para el Evangelio (Romanos 16:7; 1 Corintios 12:28-29). Ciertamente los plantadores de iglesias se beneficiarían de tener el don del apostolado y los que manifiestan este don tienen una ventaja para plantar iglesias.

El don de evangelismo también sería de mucha ayuda. ¿Y qué del don de liderazgo? Quizás a Juan Varrelman le faltaba la confianza que un líder tiene para atraer a la gente semana tras semana.

También parece que el don de pastor o el don de enseñanza energizarían a un plantador de iglesias para ministrar eficazmente a los de la congregación—y atraer cada domingo a más personas. ¿Y quién podría argumentar que el don de servicio o misericordia no sería de utilidad?

Yo no creo que un don en particular determina si una persona está calificada o no para plantar una iglesia. Todos los 21 dones del listado que da Pablo en el Nuevo Testamento beneficiarían al plantador de iglesias de alguna forma (1 Coríntios 12-14, Efesios 4, Romanos 12).

Además, Dios muchas veces bendice a las personas con más de un don. También en su soberanía puede otorgar un nuevo don a una persona en un momento de necesidad.[1]

> **Yo no creo que un don en particular determina si una persona está calificada o no para plantar una iglesia.**

¿Necesitas un tipo de personalidad específico?

La personalidad de Juan Varrelman era más tímida que lanzada. La gente le consideraban un buen amigo. Establecía relaciones a largo plazo pero no entusiasmaba a las muchedumbres cuando entraba en un salón.

Algunos han tratado de asociar la eficacia en plantar iglesias con los tipos de personalidad. Aubrey Malphurs, un experto en plantar iglesias y autor de Plantando iglesias que crecen, cree que el líder de un equipo para plantar una iglesia necesita tener una personalidad con una fuerte D (decidido) o una fuerte I (inspirador). Otros miembros del equipo podrían tener una gran variedad de estilos, como una S (seguro) o una C (concienzudo).[2]

---

* Tipos de personalidad DiSC:
D: driver/decidido (decisivo, independiente, eficiente, práctico)
I: inspirador (estimulante, entusiasta, dramático, sociable, agradable)
S: steady/seguro (apoya mucho, dispuesto, formal, confiable, agradable)
C: concienzudo (cuidadoso, persistente, ordenado, serio, aplicado)

Malphurs basa su convicción en varios estudios sobre plantación de iglesias, uno de ellos es el test de personalidad DiSC* administrado a un grupo de plantadores de iglesias.

En este estudio en particular, los tipos de personalidad de 66 plantadores de iglesias estaban correlacionados con el crecimiento de sus iglesias.

La encuesta reveló que los plantadores con una fuerte "D" (driver) tenían un promedio de asistencia de 72 personas después del primer año y 181 después de un promedio de 5.2 años. Los "I" (inspiradores) altos tenían un promedio de 98 asistentes después del primer año y un promedio de 174 después de 3.6 años. Los que consiguieron altos puntajes en "S" (steady/seguros) tenían un promedio de 38 personas después del primer año y 77 después de 6.3 años. Los que tenían un alto componente "C" (concienzudo) tuvieron un promedio de 39 después de un año y 61 después de 4.3 años.[3]

Parece lógico que una persona extrovertida con una personalidad imponente atraería mejor una multitud y la sostendría. Pero, mi amigo David Jaramillo ciertamente no tiene una personalidad de un "driver" que inspira, pero es un administrador inteligente y seguro. Discipuló y levantó con éxito cincuenta líderes de grupos pequeños y la iglesia creció a una asistencia de 600 personas, además de plantar cuatro iglesias más.

Y entonces tenemos a Mario Vega, pastor principal de la segunda iglesia más grande del mundo. Mario es una persona introvertida. He pasado mucho tiempo con Mario en diferentes ocasiones mientras compartíamos la enseñanza en unos seminarios que dimos. Mario habla poco. Pero, bajo el liderazgo de Mario la iglesia Elim en San Salvador, El Salvador, ha crecido a 11.000 grupos en casas y ¡unas 100.000 personas que asisten a esos grupos!

¿Y qué de los que están plantado iglesias en casas? Las personas que eficazmente dirigen iglesias en casas no necesitan atraer a grandes multitudes. Jim Egli, un investigador de grupos pequeños, administró el test de personalidad DiSC entre 200 líderes de grupos pequeños en el Centro de Oración Mundial Betánia. Después de hacer su investigación, concluyó:

> Esta investigación inicial parece mostrar que no hay una fuerte correlación entre los tipos de personali-

dad DiSC y el crecimiento de células. El 98 por ciento de los líderes de Betánia habían tomado el test DiSC y sabían cuales eran sus rasgos primarios y secundarios, pero ningún rasgo particular sobresalió.[4]

Egli encontró que tanto los de personalidad extrovertida como introvertida eran igualmente eficaces en hacer crecer y multiplicar grupos pequeños.

Por cierto, una cosa es dirigir un grupo pequeño, pero totalmente otra es aunar esfuerzos para tener los grupos en un culto de celebración y sostener el crecimiento. Jeannette Buller, una experimentada plantadora de iglesias, escribe, "Comenzar algo de la nada es totalmente un caballo de otro color. Plantar una iglesia es hacer que suceda algo que antes no sucedía. Requiere una cierta energía creativa que no todos tienen".[5]

Los plantadores eficaces tienen una rara mezcla de personalidad, dones y talentos naturales que le ayuda a guiar persistentemente a la iglesia a tener fruto. Encontrar a la persona correcta puede ser un ejercicio muy subjetivo, pero hay ciertas características que poseen los plantadores de iglesias. Charles Ridley es la persona que ha investigado más que nadie las plantaciones de iglesias que han tenido éxito.

¿Cuáles características son importantes para un plantador de iglesias?

El Dr. Carlos Ridley, un destacado pionero en la evaluación de plantaciones de iglesias, llevó a cabo un estudio en los Estados Unidos y Canadá para definir las características de los plantadores que tenían éxito. La frase que caracteriza su investigación es: El mejor indicador del comportamiento futuro es el rendimiento pasado. De su investigación y pruebas en el terreno desarrolló una lista de trece características propias de los plantadores de iglesias que son eficaces:

1. La capacidad de visión: La habilidad de proyectar una visión futura y traer la visión a la realidad.
2. Motivación desde adentro: Se acerca al ministerio como un iniciador y trabaja duro.

3. Crea un sentido de apropiación del ministerio: Inculca en las personas un sentido de responsabilidad personal por el crecimiento y el éxito del ministerio.

4. Colaboración de los esposos: Integra efectivamente el ministerio con la vida familiar.

5. Se conecta con los que no son de la iglesia: Desarrolla una buena relación con quienes no conocen la iglesia y los conecta con la vida de la iglesia.

6. Construye relaciones de forma efectiva: Toma la iniciativa para conocer a las personas y profundizar en las relaciones.

7. Está comprometido con el crecimiento de la iglesia: Valora el crecimiento de la iglesia como un método de construir más y mejores discípulos; se esfuerza por alcanzar el crecimiento numérico en el contexto del crecimiento espiritual y relacional.

8. Sensible a la comunidad: Adapta el ministerio a la cultura y las necesidades de los residentes locales.

9. Utiliza los dones de otros: Equipa y entrega los ministerios a las personas de acuerdo con sus dones espirituales.

10. Es flexible y adaptable: Tiene la habilidad de ajustarse a los cambios y a la ambigüedad.

11. Construye la cohesividad en el cuerpo de la iglesia: Capacita al grupo para que trabaje hacia una meta común y maneja hábilmente la división y la falta de unidad.

12. Demuestra resiliencia: La habilidad de sostenerse emocional y físicamente cuando hay retrocesos, pérdidas, desilusiones y fracasos.

13. Ejercita la fe: Traduce sus convicciones en decisiones personales y ministeriales.

La evaluación conductual fue desarrollada para descubrir qué plantadores de iglesias poseían estas características en abundancia. La evaluación no preguntaba: "¿Qué piensas o crees?" sino más bien: "Cuéntame cuando desarrollaste una relación con una persona que no conocía al Señor o no iba a la iglesia". Otra vez, el mejor indicador del comportamiento futuro es el rendimiento pasado. Cualquier persona puede decir: "Oh, sí, yo creo que la iglesia debe alcanzar a los que están fuera de la iglesia", pero si el comportamiento pasado no concuerda con la declaración teórica, lo más probable es que la persona no va a comportase de una manera diferente en el futuro.

La evaluación de Ridley no es un examen en el que uno llena los espacios. El éxito depende de la habilidad del evaluador entrenado para reconocer las características de un plantador de iglesias en el plantador de iglesias potencial. Ninguna evaluación es infalible. Algunos plantadores de iglesias han reprobado la evaluación de Ridley y luego han plantado iglesias dinámicas. Otros salieron muy bien en la evaluación, y fracasaron.

Los que evalúan ofrecen recomendaciones al potencial plantador de iglesias—no una seguridad científica de su éxito o fracaso. Como salvaguardia, la entrevista de evaluación se hace muchas veces con un equipo de dos a cinco personas para que no sea la percepción de una sola persona. La recomendación viene del discernimiento del grupo.[6]

Nadie va a recibir el 100 por ciento en todas las categorías. No hay tal cosa como un plantador de iglesias perfecto. Ed Stetzer escribe:

> "La mayoría de líderes en la plantación de iglesias dirían que es más probable que falle una iglesia nueva cuando la comienza un plantador que no ha pasado por la evaluación. Siendo iguales todos los otros factores, una evaluación asegura la selección de mejores plantadores de iglesias con mayores probabilidades de éxito."[7]

A Juan Varrelman no le entrevistaron ni evaluaron antes de plantar la iglesia. Mirando hacia atrás, él se da cuenta que tal evaluación le hubiera alertado a ver ciertas señales de peligro. Por ejemplo, Juan no podía recordar alguna vez en su pasado cuando él había iniciado una reunión por su propia iniciativa. Era más un seguidor que un líder, disfrutando las relaciones uno-a-uno con la gente.

¿Es necesario pasar por una evaluación?

No siempre creí en las evaluaciones que se hace a los plantadores de iglesias. Incluso las resistía. Me parecían mecánicas e innecesarias.

Entonces planté la iglesia en Moreno Valley. Sabía desde el comienzo que mi posición no era permanente. Podría ser solamente el pastor voluntario porque estaba viajando durante diez semanas cada año y mi llamado primario había cambiado.

Para compensar por ello, contratamos a un pastor asociado a tiempo completo quien, esperábamos, llegaría a ser el pastor principal de Wellspring. Esta persona "se sintió llamada" a unirse a nosotros y todo parecía encajar perfectamente bien.

Pero después de poco nos dimos cuenta que no era alguien que podía juntar a personas. Era un excelente pastor y director de alabanza, pero no tenía la mezcla catalítica para juntar gente—y eso era precisamente lo que necesitábamos en la etapa inicial de la plantación de nuestra iglesia. Por mi insistencia hizo más de 750 contactos en la comunidad durante los primeros meses pero no podía atraerlos a la iglesia.

Aun después de notar que no era el tipo catalítico que necesitábamos, decidimos darle dos años más para ver si podría ganar su sueldo del fruto de su ministerio. Tomamos el consejo de las denominaciones que dan a sus plantadores de iglesias un sueldo por dos años y esperan luego que el plantador viva de las ofrendas de la iglesia. Al terminar los dos años, él salió de Wellspring para encontrar su rol como pastor de discipulado y alabanza—un rol que le quedó perfecto con su llamado y dones.

Mirando hacia atrás, una evaluación me hubiera dado un mejor entendimiento de sus dones y habilidades, y una vista más real de lo que se podía esperar de su ministerio.

Aprendimos lecciones importantes durante aquel tiempo—específicamente el tipo de persona que necesitaba nuestra iglesia. Dios fue bueno al ayudarnos a encontrar a Eric Glover, uno que sí podía juntar gente. Con gusto le di el rol de pastor principal, mientras tomaba yo el rol de entrenador y pastor a cargo de la plantación de iglesias.

Siendo iguales todos los otros factores, una evaluación asegura la selección de mejores plantadores de iglesias con mayores probabilidades de éxito.

Bob Logan y Jeannette Buller han reunido una excelente serie de cintas y un manual de entrenamiento que se llama Guía de plantadores de iglesias celulares (ChurchSmart). Bob Logan, un experto en plantación de iglesias, señala que el pastor principal de una iglesia celular con celebraciones debe tener cinco habilidades catalíticas de liderazgo. Otros miembros del equipo podrían tener muchos diferentes dones y talentos, pero el pastor principal es diferente. De acuerdo con Logan y Buller, algunos líderes pueden comenzar uno o dos grupos pero no tienen el don para pastorear el crecimiento de la iglesia más allá de los primeros grupos.

Muchas iglesias sencillas no ven la necesidad de las mismas características de liderazgo que buscábamos en Wellspring. Hablé con el líder de un movimiento de plantar iglesias en casas, quien en un momento ofrecía el test de Ridley pero que dejó de hacerlo. Me dijo:

> Hay dos razones por las que no estamos evaluando a nuestros plantadores con este sistema. 1) No los pagamos, y entonces hay menos inversión de dinero y menos necesidad de asegurarnos que el plantador tenga éxito en una iglesia que se auto-sostiene dentro de cierto tiempo. 2) La mayoría de nuestros plantadores son de casa, los conocemos, son líderes probados. Aunque no siempre sean de casa, el riesgo es pequeño en comenzar una iglesia orgánica. A medida que comienzan una o más iglesias, el tiempo dirá si van a llegar a ser líderes de un movimiento.

Tim Rowntree, co-fundador de www.mutiplyingchurches. org administró la encuesta de Ridley por muchos años pero descubrió algunos problemas. Observó que con el análisis de Ridley no se podía analizar a plantadores de iglesias que quisieran plantar redes de iglesias sencillas. Rowntree desarrolló un análisis adaptado para plantadores de iglesias que se llama Evaluación 360. Este nuevo instrumento evalúa diferentes niveles de plantadores de iglesias—desde plantar iglesias sencillas en casas hasta juntar un grupo más grande de personas en la plantación de una iglesia.

En los capítulos siete al diez de este libro hablo de diferentes grados de sencillez en plantar iglesias y cómo comenzar bien. Juan Varrelman lanzó su primera iglesia antes de establecer un verdadero núcleo y, por eso, tenía el peso de reuniones dominicales con personas que no querían estar. Compartiré en otros capítulos que hay otra manera de plantar efectivamente una iglesia.

La mayoría estará de acuerdo que el llamado de Dios es más importante que cualquier tipo de evaluación. El apóstol Pablo nunca tomó el examen de Ridley. Y ante todo, el potencial plantador de iglesias necesita ser honesto consigo mismo. Malphurs aconseja sabiamente:

> Nosotros somos, en última instancia, quienes determinamos la precisión de cualquier programa de evaluación. Podemos ocupar las herramientas sofisticadas de alta validez como el Perfil Personal o el Indicador de Tipos Myers-Briggs, pero sólo reflejarán la información que les damos. Si aquella información se basa de quienes queremos ser o quien otra persona piensa que somos, y no quienes somos en realidad, entonces no nos dirán nada. Otro factor que afecta la precisión de la evaluación es la experiencia en el ministerio. Cuanta más experiencia en el ministerio tengan las personas, más precisa será la evaluación de sí mismas. Conocemos mejor nuestras habilidades de liderazgo cuando tomamos ventaja de las oportunidades de liderar.[8]

Tomando en cuenta todo lo anterior, creo que la evaluación de un plantador de iglesias beneficia tanto a la iglesia como al plantador.

De las trece características de Ridley, quizá la más importante para la eficacia en la plantación de una iglesia sea la relación entre el plantador y su cónyuge o familia.

El equipo de esposo y esposa

Juan y Janet Varrelman tenían un gran matrimonio. Salían con regularidad en sus citas de pareja y estaban comprometidos en hacer de su matrimonio una prioridad sobre el ministerio. Muchos no lo hacen.

Pienso en un plantador de iglesias que mandó los siguientes correos electrónicos mientras se estaba preparando a lanzar una iglesia en Nevada. El flujo de correos durante un período de dos meses iba así:

- "Hemos puesto hojas volantes en las puertas en todos los vecinos cercanos y hemos enviado 50.000 piezas de correo para informar a la gente acerca de los cultos. Oren para que estas invitaciones lleguen a las manos correctas y que pueda producir una gran cosecha".
- "Todos los sistemas están en orden: Favor de orar por la instalación del sistema de sonido y las luces. También hay un equipo construyendo el escenario del auditorio que vamos a ocupar. Oren que puedan terminarlo a tiempo".
- "Gloria a Dios: hubo doce familias que nos visitaron por los correos que mandamos y las hojas volantes que colgamos en las puertas".
- "Pedid por claridad sobre cómo pasar la voz sobre la iglesia en el área."

Entonces recibí el siguiente correo electrónico:

- Escuché a Dios decirme que la iglesia no era "viable" y que Él me tenía otro lugar donde servirle. Obviamente fue una gran sorpresa y difícil de escuchar, pero sentí que debo evaluar esto con la organización que ha dado la mayor parte del dinero para esta nueva obra.

Cuando le pregunté por qué abandonaba todo tan pronto en el proceso, me dijo que su esposa no estaba de acuerdo. Cuando crecía la presión a causa del trabajo requerido, este plantador encontró que su matrimonio estaba cojeando. Tenía que decidir entre la plantación de la iglesia o su esposa. Escogió correctamente y decidió salvar su matrimonio.

Plantar una iglesia involucrará a toda la familia. Tanto el esposo como la esposa tienen que ser llamados. Jesús nos dijo que contáramos el costo antes de tomar la decisión de seguirle. Contando "el costo de plantar a una iglesia" significa que tanto el esposo como la esposa están el cien por ciento de acuerdo antes de comenzar la iglesia. El hecho de plantar una iglesia es más demandante y riguroso que lo que uno pueda imaginarse. Estad preparados.

Juan Varrelman ahora mira al pasado, a su experiencia de plantar una iglesia, con una sonrisa—y hasta con gozo. Las pruebas y luchas que experimentó lo prepararon para su ministerio en el mundo actual. Tiene su propio trabajo, dirige un grupo en casa y desempeña un rol clave en una iglesia creciente en Seattle que ha plantado tres iglesias hijas. Juan enseña una de las sesiones para futuros plantadores de iglesias y muchas veces menciona sus propios fracasos. El conoce por propia experiencia los peligros del llanero solitario plantando iglesias, y promueve el ministerio en equipo. También cree firmemente que se deber reunir un núcleo más grande y fuerte de células en hogares antes de comenzar una celebración semanal. Lo que él y Janet aprendieron a través de las dificultades de su experiencia lo comparten libremente con otros.

Capítulo Cinco

El sistema de raíces 101

cabé con un árbol. Me da vergüenza decirlo, pero un árbol al lado de mi casa está muerto y yo causé su muerte prematura. El árbol es un monumento a mi entusiasmo de quitar raíces extrañas y malas hierbas molestosas. Acabé con él por aplicar demasiados químicos para matar las malas hierbas en la base del árbol. Aunque probablemente hice el mayor daño al cortar las raíces que habían emergido para arruinar mi césped. Por medio de todo esto aprendí una lección importante acerca de las raíces de los árboles. No las molestes. Son sumamente importantes para la absorción del agua y la transferencia de nutrientes inorgánicos. También anclan el árbol a la tierra y a veces pueden crecer tan profundas como alto es el árbol.

Así como un árbol depende de un sistema extensivo de raíces, las buenas plantaciones de iglesias dependen de principios no visibles y valores que las anclan a un fundamento firme.

La prioridad de la oración

La primera raíz y la más importante a cultivar es la oración. Pablo el apóstol dijo al final de su vida en una prisión en Roma:

> Dedicados a la oración: perseverad en ella con agradecimiento y, al mismo tiempo, interceded por nosotros a fin de que Dios nos abra las puertas para proclamar la palabra, el misterio de Cristo por el cual estoy preso. Orad para que yo lo anuncie con claridad, como debo hacerlo (Colosenses 4:2-4).

La mayoría de los plantadores de iglesias son pragmáticos. Quieren saber inmediatamente lo que va a funcionar. La mayoría están fascinados con las técnicas que prometen un crecimiento rápido.

Todavía, la única iglesia que vale la pena plantar es la que Dios mismo trae a la vida. Y tal planta requiere oración desde su mero fundamento—al nivel de las raíces. Sólo Dios puede derrumbar la resistencia cultural al cristianismo neotestamentario. Una iglesia no puede sobrevivir sin la oración. Norman Dowe, un plantador experimentado de iglesias, escribe:

> Dos veces fracasé en plantar una iglesia. Mi primera reacción fue culpar a mi falta de dones. Soy un pastor/maestro, no un evangelista, ni un apóstol. Después de mi último fiasco, el Señor me llevó a Zacarías 4:6 en el contexto de la re-edificación del templo por Zorobabel. Fracasé no por mi don sino por depender de mi experiencia, entrenamiento y lecturas. Fracasé porque no dependía del Espíritu. Ahora no estoy tan encaprichado en las estructuras, sino que estoy tratando de reemplazar aquello con una espiritualidad verdadera. Leí una vez que cuando a Cho le preguntaron sobre el secreto de su éxito, él respondió: "Oro y obedezco."[1]

Dios está levantando una multitud de plantadores de iglesias que "oran y obedecen". Ellos declaran: "No vamos a seguir, Oh Dios, si Tú no estás dirigiéndonos".

Cuando Rob Campbell plantó Cypress Creek Church (CCC) en Wimberley, Texas, hizo de la oración su primera prioridad. No sólo fue un ejemplo de oración sino que también empleó a Cecilia Belvin, la pastora de oración, como la primera en su personal. Hoy CCC tiene uno de los ministerios más vitales de oración. Dios ha bendecido abundantemente a esta iglesia porque le han puesto a Él primero.

La mayoría de los libros sobre el crecimiento de la iglesia se enfocan en las técnicas y en la perspicacia para atraer y retener a los no-cristianos. Muchos de estos libros dicen muy poco acerca de la oración. Peter Wagner, un gurú del igle-crecimiento, admite que por demasiado tiempo la teoría del crecimiento de la iglesia ha estado dominada por las técnicas. "Hace no mucho tiempo, aunque me da vergüenza decirlo, hubiera sido muy difícil encontrar un libro sobre el crecimiento de la iglesia que pusiera el aspecto espiritual como punto clave y no como una ligera mención."[2]

Por encima de todo, la plantación de iglesias es una batalla espiritual. Satanás y sus hordas demoniacas se ríen de las iglesias sin poder y sin oración. Estas mismas fuerzas oscuras llegan a estar extremadamente preocupadas cuando las iglesias se comprometen a orar fervientemente.

Dios está levantando una multitud de plantadores de iglesias quienes "oran y obedecen". Ellos declaran: "No vamos a seguir, Oh Dios, si Tú no estás dirigiéndonos."

Recomiendo que un plantador de iglesias primero llame a un grupo de intercesores a orar por la dirección de Dios y su bendición para cada paso del camino. Entonces que reúna a otros de la iglesia para orar por cada detalle de la vida de la iglesia. Que continúen orando durante todo el proyecto de plantar una iglesia. Las Escrituras dicen: "Si el SEÑOR no edifica la casa, en vano se esfuerzan los albañiles" (Salmo 127:1).

En Wellspring hemos tratado de practicar la oración desde el comienzo. Oramos cada jueves a las 19:00, y una vez al mes tenemos una media-noche de oración. Decidimos hacer de la oración un valor central en nuestra iglesia desde el mismo comienzo.

La oración es clave en la plantación de una iglesia. Es la base de todo lo que sucede. La plantación de una iglesia comienza y continúa con oración.

Concentrarse en los valores básicos

Hay diferentes tipos de raíces. Las raíces aéreas como las de la hiedra, se levantan por encima de la tierra. Las raíces estructurales son las raíces grandes que sostienen los árboles. Las raíces profundizan en la tierra encontrando el agua y los nutrientes necesarios. Las raíces tuberosas como las patatas permiten que una porción se hinche para almacenar comida o agua.

Los árboles y las plantas no deciden qué estructura de raíces les va a quedar mejor. Esas decisiones son parte de su ADN. De la misma manera, las iglesias tienen su propio código o ADN. Mientras la Palabra de Dios es la misma para todas las iglesias cristo-céntricas, cada iglesia necesita determinar cuáles son sus valores básicos.

Con esto me refiero a la filosofía de ministerio de la iglesia y sus prioridades. Y cada iglesia tendrá rasgos específicos que reflejen su ambiente particular. Al desarrollar Wellspring, discernimos puntos específicos que responden a nuestras convicciones y cultura. Comenzamos a orar y hablar de estas características únicas. Varios temas se fueron desarrollando:

(M) emphasis

- **Hincapié en la oración.** Dios quería que hiciéramos todo a través de la oración. Esto era un valor básico en Wellspring que hemos promovido desde el comienzo de la iglesia.

- **Reunir al núcleo primero.** Dios nos mostró que primero debíamos hacer crecer los grupos y los líderes que podrían luego llegar a ser muchedumbre. Estábamos convencidos de que a medida que los líderes son entrenados y funcionan, la iglesia crece de forma natural. A medida que los grupos pequeños crezcan y se multipliquen, nos reuniríamos más frecuentemente para los cultos de celebración y adoración juntos.

- **Hincapié étnico.** La composición demográfica de Moreno Valle es aproximadamente 40% hispano y 30% blanco; el resto está dividido entre asiáticos y afro-americanos. Queríamos ver esta realidad reflejada en la plantación de una iglesia allí.

- **Prioridad de equipar a otros.** Creíamos que todos en la iglesia deben ser equipados. Preparamos un curso específico de entrenamiento de cinco libros.[3] Se esperaba que todos los en la iglesia participaran del entrenamiento.

- **Entrenamiento.** Capacitar a los líderes de los grupos pequeños es un componente clave en lo que hacemos. Cada líder necesita un entrenador. Es esencial no dejar a los líderes de los grupos pequeños descuidados. Cada uno necesita cuidado y supervisión. Damos entrenamiento tanto individual como grupal.

- **Crecimiento de la iglesia.** Creemos que Dios quiere ganar para Cristo a hombres y mujeres perdidos, y discipularlos para Su iglesia. Creemos que no está bien buscar el éxito personal en el ministerio. Mientras que el éxito y la ambición personales no tienen nada que ver con el deseo de Dios de que su iglesia crezca, nos damos cuenta que la ambición por el crecimiento de la iglesia es la ambición de Dios por alcanzar a un mundo perdido. Dios quiere que crezca la iglesia para alcanzar a hombres y a mujeres para Jesucristo y para verlos convertidos en discípulos. Este deseo proviene directamente del corazón de Dios. Nuestra voluntad tiene que alinearse con Su voluntad.

Otros pastores con quienes he trabajado han escogido como sus valores centrales: el evangelismo relacional, el desarrollo de líderes, la comunidad/hermandad, y la multiplicación. Creo que es importante discernir cuál es tu pasión—las raíces que Dios ya te ha dado. Cada plantador de iglesias necesita orar y decidir lo que Dios está llamándole a enfatizar.

Establecer el liderazgo

Las raíces crecen antes de que el árbol salga de la tierra. Cubren un área grande, invisible – a veces dos o tres veces más grande que el área visible. Así como las raíces, la plantación eficaz de iglesias primero debe desarrollar la estructura del liderazgo antes de que aparezca lo demás de la iglesia.

Un problema común en la plantación de iglesias sucede cuando un hombre o una mujer de Dios lucha solo o sola para edificar la iglesia. Escribe David Shenk:

El libro Los Hechos de los Apóstoles sugiere que el ministerio siempre se llevó a cabo en equipo. Aparentemente nunca se comisionó a un misionero solo para salir a plantar iglesias en una nueva región. Un ejemplo notorio es cuando se comisionó a Pablo y a Bernabé, acompañados de Juan Marcos, como misioneros a los gentiles. La iglesia de Antioquía comisionó a estos hombres a plantar iglesias entre personas que nunca habían oído el evangelio.[4]

Pablo no sólo era parte de un equipo de obreros que plantaban iglesias, sino que él también designaba equipos de líderes para guiar a estas iglesias en su ausencia. Aunque Pablo llamó a estos líderes con diferentes nombres: anciano, sobreveedor y pastor, es probable que estaba refiriéndose a la misma persona (cada título da hincapié a un aspecto diferente de la función del líder).[5]

Pablo no se contentó con designar un líder para cada iglesia. En cada lugar designó a varios. Esto aseguraba que una persona no tenía toda la autoridad. Malphus escribe:

> Están contados los días del especialista que trata de ministrar sin un equipo en el contexto de una iglesia típica. Si estas plantaciones de iglesias sobreviven, la mayoría se quedarán pequeñas y drenan toda la energía del líder y las finanzas del patrocinador.[6]

Recomiendo que los plantadores de iglesias escojan a sus líderes (Ej. ancianos) de entre los líderes de los grupos pequeños. Como estos líderes ya están en el ministerio y están pastoreando la iglesia contigo, ellos son los candidatos lógicos para servir en un equipo de liderazgo. En Wellspring, sólo los líderes de los grupos de vida sirven en el equipo de liderazgo. Nuestros líderes de grupos de vida han pasado por el proceso de equipamiento y se han probado en la batalla. No creo que todos los líderes de los grupos pequeños debieran ser parte del equipo de liderazgo, pero los escogemos de entre aquel grupo. El plantador de la iglesia es entonces el líder principal del equipo de liderazgo.[7]

Junto con el equipo de liderazgo, considero sabio tener un equipo al que se rinda cuentas, me refiero a ellos como "el equipo administrativo." Creo que un plantador de iglesias no debe manejar las finanzas de la iglesia porque eso es el trabajo del equipo administrativo. Los plantadores de iglesias necesitan protegerse de la percepción de no manejar bien las "funciones administrativas."

El equipo debe modelar para los demás en la iglesia el llamado de Cristo a la unidad entre Sus seguidores. Jesús mismo modeló el ministerio en equipo cuando guió a los doce por tres años. Si el equipo no se lleva bien, ¿por qué otros de la congregación se deben comprometer con la unidad Del cuerpo a la que Cristo nos llama? Cuando el equipo de liderazgo está dividido en espíritu o en propósito, la congregación reflejará esa división.

Levantar fondos

Muchas veces las raíces de un árbol se restringen por piedras o tierra dura debajo de la superficie—o en el caso del árbol muerto afuera de mi casa, por personas. Los fondos pueden llegar a ser un problema complicado porque tocan la profundidad de nuestra subsistencia y sobrevivencia. Plantadores de iglesias necesitan encontrar maneras creativas de sostenerse económicamente. Pablo argumentó que se debe pagar a misioneros plantadores de iglesias por sus servicios (1 Coríntios 9:14), y también recibió su sostén a distancia (Filipenses 4:10,14-18). Él mismo trabajó haciendo tiendas (Hechos 18:3). Las maneras variadas que Pablo recibió ayuda financiera abre una variedad de posibilidades para los plantadores de iglesias. Una posibilidad es que el plantador de iglesias levante su sostén.

Levantando el sostén de afuera

Muchos plantadores de iglesias piden a personas que los sostengan por un tiempo específico. Todos los plantadores de iglesias de Antioch Community Church (ACC) de Waco, Texas, por ejemplo, levantan su propio sostén. Eso es parte del proceso de caminar en fe. Me dicen que toma de seis a ocho meses para plantadores de la ACC levantar los fondos necesarios. A algunos, en realidad, ¡les gusta! Un plantador de iglesias de la ACC que recientemente comenzó a recibir su sueldo como parte del personal de la iglesia, me dijo, "Me hace falta la emoción de caminar por fe teniendo que depender de Dios para mi sostén mensual."

Muchos plantadores de iglesias levantarán el sostén por un periodo de dos o tres años. Después de este tiempo esperan que la iglesia plantada pueda sostenerlos.

Muchas veces las denominaciones proveen dos o tres años de sostén para sus plantadores de iglesias. Después de este período, el sostén se retira en forma gradual. Si el plantador de la iglesia y la nueva iglesia no pueden reunir suficientes seguidores de Cristo que sostengan al plantador de la iglesia por medio de sus ofrendas, él tendrá que encontrar un trabajo en la vecindad, lo cual muchas veces es una bendición porque ayuda al plantador de la iglesia a conectarse con el vecindario.

El pastor bi-vocacional

Con frecuencia, los plantadores de iglesias son bi-vocacionales. Esta es una de las maneras de reducir el costo del desarrollo de una nueva iglesia. Peter Wagner escribe: "La mayoría de las denominaciones que crecen usan bien a los obreros bi-vocacionales. Cuidan de estas obras dándoles un reconocimiento especial o proveyéndoles con los servicios que necesitan".[8]

Si tu plan es de trabajar como obrero bi-vocacional "haciendo tiendas", asegúrate de evaluar tu nivel de energía. Quizá una persona muy extrovertida pueda manejar un trabajo intenso con gente y todavía tener suficiente energía para invertirla en plantar una iglesia. Una persona introvertida puede sentirse exhausto al pasar demasiado tiempo con la gente. Un principio sabio es que tu empleo secular complemente tu ministerio de plantar una iglesia. No dejes que agote tus fuerzas emocionales.

Algunos se energizan por tener su propia empresa, otros encuentran que este tipo de actividad les quita toda su creatividad. Los plantadores de iglesias tienen que decidir lo que resulta mejor en su entorno, en la situación de su familia y con su personalidad y habilidades. Aquí hay unas opciones bi-vocacionales:

- Director de alabanza de otra iglesia
- Negocio como consultor/ordenadores
- Capellán para unos negocios
- Construcción/pintar casas
- Rol ministerial con el distrito o región
- Contador
- Ventas en varias áreas
- Pastor interino con responsabilidades limitadas
- Enseñanza en una universidad local o en una universidad cristiana

Mientras algunos plantadores de iglesias consigue un segundo trabajo como un mal necesario, otros lo ven como una ventaja porque les mantiene más en contacto con las mismas personas que quieren alcanzar.

Determinar el método

Al plantar nuevos árboles, los viveros tienen cuidado de fertilizar la tierra para permitir que crezcan bien las raíces. Los que plantan árboles conocen los peligros de sembrar un árbol en un lugar y entonces tener que trasplantarlo a otro.

Frecuentemente las iglesias comienzan en la matriz de la iglesia madre y entonces dan a luz en otro lugar. Otras veces la iglesia existe solo en la mente y corazón del plantador quien se mueve a un nuevo sitio para comenzar una iglesia.

Son numerosos, de hecho, los métodos de plantar una iglesia. Algunos expertos identifican treinta maneras diferentes de plantar una iglesia (ver el apéndice 2). Dos estrategias, sin embargo, se destacan: Madre-hija y Enfoque misionero.

Estrategia madre-hija

El modelo madre-hija ocurre cuando la congregación anfitriona comisiona a un grupo de personas de la iglesia para ser el núcleo de la nueva plantación de iglesia.

anfitrión – host, hostes

El núcleo debe componerse de personas que tengan una mentalidad "pionera" y estén listos para trasladarse a otro lugar. Los que quieren alabar en el mismo estilo que se acostumbraba en la iglesia madre o quienes quieren que se hagan las cosas de la forma "normal", no son buenos candidatos para el núcleo del grupo que plantará una iglesia.

El núcleo debe componerse de personas que tengan una mentalidad "pionera" y estén listos para trasladarse a otro lugar.

El nuevo grupo debe incluir a personas con una diversidad de dones que puedan servir a la iglesia de diferentes maneras. El núcleo desarrolla la visión, la misión y los valores para la nueva iglesia. En forma ideal, el plantador principal viene de la iglesia madre y cuida del núcleo dentro de la iglesia madre. A veces el núcleo determina qué nombre dará al liderazgo pastoral (Ej. pastor bi-vocacional o ministro laico). A veces un miembro del núcleo provee liderazgo pastoral hasta que el grupo sienta que está listo para llamar a alguien a tiempo completo.

Debe obtenerse un firme compromiso de los miembros del núcleo para unirse a la plantación hija. Un compromiso permanente evitará el vacío de liderazgo que ocurre en congregaciones nuevas cuando alguien del grupo decide regresar a la iglesia madre. Salir de la congregación madre permite que la iglesia hija establezca su propia identidad y no llegue a ser apenas un clon de la iglesia madre.

Mi segunda plantación de iglesia fue en estilo madre-hija. Llevamos los valores centrales de la iglesia madre, y unas 150 personas en 10 células. Un comité de la iglesia madre proveyó la oración, los recursos y las personas. La iglesia madre nos dio la libertad de ser un grupo independiente, aunque con gozo mantuvimos una relación cercana.

Enfoque misionero

Tal vez el enfoque misionero sea la forma más antigua de comenzar nuevas congregaciones. En Hechos 13:1-3 leemos que la iglesia en Antioquía, movida por el Espíritu Santo, comisionó a Pablo y a Bernabé para el ministerio de extender el evangelio, comenzando en Chipre.

El enfoque misionero se da cuando el plantador de iglesias levanta líderes de la cosecha, en vez de reunir un núcleo de la iglesia madre. Pablo el apóstol ocupaba este método a medida que plantaba iglesias a través del mundo conocido de aquel entonces.

También yo he utilizado en dos diferentes ocasiones el enfoque misionero como manera de plantar una iglesia, y en los capítulos siete al nueve del libro entro en detalles de cómo plantar a una iglesia desde cero, ocupando el enfoque misionero.

Encontrar un mentor

abrumar —
to overwhelm

Puede llegar a ser una experiencia dolorosa y agotadora salir a lo desconocido y levantar una iglesia. A veces el dolor y la frustración pueden parecer abrumantes. El fracaso puede tocar a la puerta del plantador de iglesias. Aquí las estadísticas no son muy alentadoras. Muchas plantaciones de iglesias se cierran. La realidad de las estadísticas, sin embargo, sólo hace hincapié en la necesidad de mentoría en el proceso de plantar una iglesia.

La mentoría es crítica en la vida de un plantador de iglesias. Los buenos mentores practican:

- **El escuchar:** Más que nada, los plantadores de iglesias necesitan a un mentor que tenga la voluntad de escuchar sus problemas, temores y necesidades.
- **Dar ánimo:** Los plantadores de iglesias necesitan ánimo y lo reciben con alegría en toda oportunidad. Los buenos mentores continuamente animan a los plantadores de iglesias, reconociendo la importancia de su esfuerzo y de su ministerio.
- **Cuidado.** Una diferencia entre mentoría y consultoría es el elemento relacional. Los mejores mentores pregonan amistad y relaciones de cuidado. Demuestran su cuidado por muchos gestos prácticos de amor y amabilidad.
- **Desarrollo.** Muchas veces los plantadores de iglesias se sienten vacíos. Están secos. Mentores eficaces ayudan a llenar el tanque por suplir al pastor con recursos tales como: artículos en la Web, libros gratis, y consejos sabios que ayudarán al plantador a ser más efectivo.
- **Estrategia.** La meta de la plantación de iglesias es plantar nuevas iglesias. Los Mentores ayudan al plantador a identificar nuevos pastores de entre los líderes existentes de los grupos pequeños.
- **Desafío.** Los mentores nunca deben permitir al líder contentarse con la mediocridad. Hablar la verdad en amor significa confrontar con la verdad, pero en amor, con la meta de mejorar.

- **Recibir**. Los buenos mentores reciben la comida diaria de Jesús en su tiempo devocional personal. Están llenos del Espíritu y entonces modelan lo que han recibido del Maestro.*

De acuerdo con las estadísticas, muchos plantadores de iglesias se rinden. Esto debe y puede prevenirse en muchos esfuerzos de plantar iglesias. Mentores pueden ayudar a los plantadores de iglesias a mantenerse firmes y no rendirse. Los mentores tienen una perspectiva y una perspicacia a otro nivel. Perciben el diamante, aun cuando el plantador vea sólo una piedra ruda.

Eventualmente voy a cortar el árbol muerto en el jardín de mi casa. Mientras esté allí, sin embargo, me recordará constantemente la importancia de las raíces para la salud del árbol.

No hay manera de acortar el tiempo en la plantación de una iglesia saludable y creciente. Los árboles crecen hacia arriba porque han crecido en profundidad. Y todo cultivador de árboles sabe que hacer crecer las raíces toma mucho, mucho tiempo.

Iglesias sin raíces pueden parecer hermosas por un tiempo—y quizá provoquen envidia en el circuito de plantadores de iglesias—pero no están equipadas para durar.

Asegúrate que tu plantación de iglesia esté equipada para durar. Toma el tiempo para desarrollar las raíces. Métete a la profundidad y crecerá en altura.

Sistema de raíces
Oración
Valores básicos (6)
Establecer el liderazgo
Levantar fondos
Determinar el método
Encontrar un mentor

Entonces...

1ro — Establecer las raíces

---

*Mi libro Cómo ser un excelente asesor de grupos celulares trata en detalle cada uno de estos aspectos de mentoría. Para más información: www. joelcomiskeygroup.com.

Capítulo Seis

Apuntando bien

Disparar una escopeta es cosa de hombres. En 2002 mi amigo, Steve Fitch, me invitó a disparar unos tiros en las Badlands, un área desértico entre Moreno Valle y Beaumont, California. Siete hombres empacamos los coches para una salida machista de echar unos tiros y pasar tiempo juntos. A medida que transcurría el día llegó a ser obvio que los otros hombres tiraban mucho mejor que yo.

El 40 o 50 por ciento del tiempo ellos despedazaban los discos de palomas de barro que tiraban al aire. Yo sólo alcancé a dos o tres discos—más o menos a razón del dos por ciento.

El problema era sencillo. No apuntaba bien.

Mis amigos sabían apuntar la escopeta un poquito más arriba del blanco para alcanzar al disco en el aire. La experiencia les había enseñado cómo prepararse para el culatazo de la escopeta. Yo, mientras tanto, tenía poco conocimiento o experiencia con la trayectoria de la bala. Rara vez daba con el disco volante.

Al plantar una iglesia, es necesario apuntar con toda precisión. Plantar una iglesia sin apuntar bien, parecería como apuntar a ciegas a una bandada de gansos volando en alto. No hay mucho chance de que pase algo significativo.

Entonces, ¿qué puede hacer un plantador de iglesias para mejorar su puntería?

Aprender las costumbres y la cultura

En 1984 cuando tomé el curso de plantación de iglesias que daba Peter Wagner en el Seminario Fuller, pasamos varios días discutiendo cómo recoger datos y estadísticas de la población a la que queríamos alcanzar. Apenas había comenzado a plantar la iglesia Hope Alliance en Long Beach, California. Entonces visité la biblioteca de Long Beach recogiendo información demográfica. Incluso contacté al Departamento de Planificación de la Ciudad para comprar los mapas arquitectónicos que me darían información crítica de la ciudad de Long Beach.

Hoy, 25 años más tarde, la misma información se puede recoger en el ordenador con un clic del ratón. Lo que en 1984 me costó semanas y meses para obtener, ahora puede uno recogerlo por el Internet.

Por ejemplo, al poner mi código postal en la búsqueda de Google, puedo descubrir más información de lo que necesito en cuanto a raza, ascendencia, educación, ingresos, estatus social, población, estilo de vida y más. Puedo expandir la búsqueda para incluir otros códigos postales de ciudades que colindan con la nuestra. Hay más información en línea de lo que un plantador de iglesias pueda jamás ocupar.

Como los misioneros que se pasan años conociendo el idioma y la cultura del grupo al que quiere alcanzar, los plantadores de iglesias tienen que aprender las características distintivas y las normas culturales de la población que están tratando de alcanzar.

Todavía no hay sustituto para la información que surge de pasar tiempo con la gente a la que se quiere alcanzar. El documento del movimiento de plantar iglesias de la Iglesia La Biblia Abierta declara:

> Cuando trabajamos con plantadores, tratamos de llevarlos a tomar consciencia de los principios misionológicos básicos a fin de desarrollar un modelo apropiado desde esa base. En la práctica esto puede significar que el plantador se pase los primeros seis meses viviendo entre el grupo que quiere alcanzar aprendiendo todo lo que pueda acerca de ellos. Durante este período, especialmente si él o ella es nuevo en el área, el plantador o la plantadora busca los redes de relaciones que existen dentro de la comunidad. Él o ella descubre quienes son las

personas de influencia en estas redes, Entonces el pastor construye puentes hacia la vida de los que influyen, utilizando lo que tienen en común como punto de partida.[1]

A medida que pasas tiempo con las personas de tu comunidad, debes escribir lo que encuentras y experimentas. Recomiendo que compiles todo el material acerca del grupo que quieres alcanzar en un documento que llegará a convertirse en tu estudio de caso de la iglesia.

El estudio debe incluir material demográfico, observaciones personales acerca del grupo que se quiere alcanzar, visión y valores de la iglesia—en fin, lo que sea significativo para la plantación de la iglesia.

He venido añadiendo material al estudio de caso de Wellspring por los últimos cinco años. Ha crecido hasta tener unas 140 páginas. Trato de leerlo por encima cada día (o por lo menos ver la tabla de contenido) para mantener la visión ardiendo en mi mente y corazón, y especialmente para bañarla en oración.

Como los misioneros que se pasan años conociendo el idioma y la cultura del grupo al que quieren alcanzar, los plantadores de iglesias tienen que aprender las características distintivas y las normas culturales de la población que están tratando de alcanzar. Sea que el misionero trabaje en Norteamérica o en Timbuktu, comprender la cultura es esencial.

Alcanzar a las personas

Mi experiencia limitada en disparar incluyó pedir prestado una escopeta y volar palomas de barro. Los que ganan medallas olímpicas son los que pasan mucho tiempo en el campo de tiro—perfeccionando su puntería por medio de la práctica. El campo de tiro para el plantador de iglesias es donde está la gente. Intrínseco a la tarea de hacer discípulos es pasar tiempo con los que no son todavía seguidores de Cristo. Escribe Ralph Neighbour:

Leyendo, asistiendo a conferencias y teniendo la mentoría de un pastor de éxito no hace crecer una iglesia. Hacer crecer una iglesia está en proporción directa con el número de diablillos que conocen que yo soy un pastor que cuida y se asocia con los tomadores de vino. Deja de leer y asistir a las conferencias y a pasar tiempo con pastores de éxito. Visita los 10 bares más cercanos a tu casa y haz un amigo en cada bar. Entonces pide conocer a su esposa, etc. y pasa a tomar un café. Tenemos que declarar la guerra a la idea de pasar toda una vida pensando que podemos estar involucrados en el ministerio cristiano sin hacer amigos de entre los genuinos diablillos de nuestro alrededor.[2]

Desarrollando amistades

Considero excepcionales algunos esfuerzos de plantadores por alcanzar a los que no van a ninguna iglesia. Jeff French es un plantador de iglesias al cual he tenido el privilegio de dar mentoría por los últimos años. Jeff es pastor de la Iglesia Resurgent, una nueva plantación en Newman, Georgia.

Jeff comenzó su ministerio devorando libros y artículos acerca de la plantación de iglesias. Después de determinar su filosofía de ministerio (una aproximación sencilla del núcleo a la multitud), visitó iglesias que estaban creciendo y multiplicando los grupos pequeños. Entonces encontró un mentor para ayudarle en el proceso. Jeff también levantó su sostén para tres años a fin de concentrarse en la plantación de la iglesia. Laura, su esposa, enseña ingles a tiempo completo en un instituto local. Esto no sólo ha provisto una entrada financiera adicional, sino que ha sido el espacio ideal para llegar a conocer a mucha gente.

Jeff sabía que él y su esposa tenían que encontrar maneras creativas para involucrarse en la comunidad. Entonces probó varios tipos de acercamiento. Uno que probó ser efectivo fue entrar en los bares y restaurantes locales para jugar un juego que se llama "trivia"[3.] Esto ha permitido que Jeff y Laura pasen más tiempo con las personas y lleguen a conocerlas.

La mayoría de las personas con quienes Jeff y Laura están entablando una amistad no hablan de religión; aún menos irían a la iglesia. Jeff no los presiona. "La mayoría de las personas en el bar se comportan como muchacho grandes en las fraternidades de las universidades," me dijo Jeff. "Viven para ir a fiestas." Pero también ha notado bastante receptividad hacia Jesús fuera de la iglesia.

Cuando le preguntan a Jeff sobre lo que él está haciendo en la comunidad, comparte simplemente: "me mudé aquí para comenzar una iglesia." A veces esto sorprende a la gente, pero las relaciones que se han construido permiten que Jeff pueda relacionarse con ellos personalmente en vez de cómo "aquel pastor." Un tío respondió: "Yo formaba parte de algo así en Savannah". Su esposa añadió: "Necesitamos involucrarnos en algo. Nos gustaría estar en uno de tus grupos".

Jeff encontró a las primeras cinco parejas para comenzar su grupo piloto inicial pasando tiempo "en el terreno" de las personas de la comunidad.

Una pareja que se unió al grupo piloto era vecina de Jeff. Jeff entró a sus vidas por arreglar cosas en su casa. Eventualmente el esposo habló con él aparte y confesó que tenía problemas en su matrimonio. Jeff le escuchó y le relató su propia historia personal. Jeff me dijo, "Muchas personas tienen luchas en su matrimonio, sólo que no hablan de eso."

Otra de las estrategias de Jeff para relacionarse con la gente es preguntarles qué programas de televisión les gusta mirar. Después de escuchar su respuesta les dice: "¿Por qué no miramos ese programa juntos?, vienes a mi casa y pasamos un rato".

Otra estrategia relacional ha sido por medio del voleibol. Jeff juega mucho el voleibol competitivo. Juega con alrededor de 20 a 40 personas a la semana. Un tío maldecía mucho las primeras semanas. Cuando encontró que Jeff era pastor, se sintió avergonzado. Jeff le dijo: "Yo quiero que seas quien eres. No actúes de otra forma por mí". Desde aquel entonces las personas se han acercado a Jeff, queriendo hablar de asuntos personales. Uno de los tíos del voleibol le dijo, "Jeff, tengo muchísimo respeto por ti porque quieres pasar tiempo con nosotros. Yo vivo en un complejo de apartamentos. ¿Podríamos comenzar un estudio bíblico juntos?"

El consejo que da Jeff a los plantadores de iglesias es: "Encuentra algunas cosas que te gustan hacer y entonces hazlas con los no-creyentes. ¿Te gusta el tenis? Ocúpalo como una herramienta para llegar a conocer a las personas. Trata intencionalmente de llegar a conocer a los de tu alrededor". A Jeff le gusta jugar voleibol y a su esposa, Laura, le encanta jugar trivialidades. Estarían haciendo estas cosas de todas formas. Simplemente han decidido concientemente hacer estas cosas con las personas no-creyentes en su alrededor (ver la nota final para encontrar otras estrategias que los French han ocupado para alcanzar a otros).[4]

De los contactos con los de afuera Jeff comenzó su primer grupo piloto en octubre del 2007. El grupo piloto de Jeff se reúne los domingos de noche. Pero, el lunes él manda la lección a cada persona. La lección tiene tanto contenido bíblico como preguntas de reflexión y peticiones de oración. Entonces el jueves manda un audio mensaje en MP3 del mismo tema. El audio dura unos 20 minutos. Como cada persona ya ha reflexionado sobre el tema bíblico y las preguntas, el audio recalca lo que ya han recibido. El domingo de noche al juntarse, cada persona está lista. Jeff distribuye el tiempo entre el grupo grande y pequeños sub-grupos.

Otro de mis héroes de evangelismo es Steve Irwin, quien plantó una iglesia en Bogotá, Colombia. La primera vez que entré al piso de Steve y Claudia en 2000, la sala estaba llena de no-cristianos aprendiendo inglés (una herramienta de evangelización). Les saludé con buenos modales, me disculpé y desempaqué mi ropa para mi estadía de una semana.

Al siguiente día, Steve tocó la puerta de mi dormitorio a las 7:00 AM, informándome que tenía planes de jugar al golf con un amigo no-cristiano. "Espero ganar para Cristo a este hombre de negocios de la clase alta," dijo Steve. "En este momento, no entraría a la puerta de una iglesia por nada." Mientras tomaba el desayuno con los Irwin, sonó el timbre de la puerta y entró una señora no-cristiana del mismo edificio. Después de presentarnos, Claudia me dijo: "Mi amiga y yo vamos a dar una vuelta por la vecindad. Regresaré más tarde."

El próximo día, Steve y Claudia salieron temprano de casa para hacer ejercicios en un gimnasio local. ¿Por qué? Para encontrarse con no-cristianos. Dos días más tarde, la casa estaba llena de nuevo de personas no-cristianas aprendiendo inglés. El último día de mi visita, Steve llegó tarde porque estaba jugando básquetbol con amigos no-cristianos.

"OK, Señor", pensé. "¿Qué quieres enseñarme a través de estos siervos de primera?" Aunque había leído la mayoría de los materiales de "evangelismo por medio de la amistad", nunca había visto tanta entrega y diligencia de buscar activamente relaciones con los no-cristianos.

Los Irwin han aprendido que a la mayoría de las personas hay que ganarlas por amistad antes de que puedan asistir a una iglesia. Su plantación sencilla de iglesia ha crecido como resultado del enfoque en la amistad.

La Iglesia Oasis en Bogotá, Colombia, se inició en 1996 por hacer amistad con personas no-cristianas e invitarlas a un grupo celular que eventualmente se multiplicó. La iglesia se multiplicó a doce grupos y éstos se reunían el domingo por la mañana para alabar a Jesucristo y estudiar la Palabra. El evangelismo y la cosecha toman lugar primordialmente dentro de los grupos en casas. Y desde el comienzo han ocupado el evangelismo por amistad como la herramienta primaria de alcance.

Claudia, por ejemplo, comenzó a asistir a una clase de aeróbicos en su comunidad en 1994. Después de los aeróbicos se quedaba a tomar café y comenzó a desarrollar una relación de amistad con las mujeres.

Eventualmente Claudia invitó a unas pocas mujeres de la clase de aeróbicos a su casa para tomar el té. A medida que florecía la amistad, algunas de las mujeres invitaban a Claudia a sus casas para una taza de café y para hablar de cosas espirituales. De allí se formó un estudio bíblico evangelístico. Muchas de las mujeres oraron para recibir a Cristo allí. Algunos de los contactos originales participaron en las primeras células de la Iglesia Oasis.

Steve me dijo que un valor importante que mantiene la Iglesia Oasis es evitar las muchas actividades que dificultan a los miembros a alcanzar no-cristianos. "No queremos llegar a estar demasiado centrados en la iglesia", me dijo Steve en varias ocasiones.

Mi estadía con los Irwin me hizo recordar lo que dijo Jesús: "No son los sanos los que necesitan médico sino los enfermos... Porque no he venido a llamar a justos sino a pecadores" (Mateo

9:12,13). La iglesia Oasis sigue al Maestro que fue conocido por ser amigo de pecadores.

Haciendo un cierto número de contactos

Muchos plantadores de iglesias no gravitan en forma natural hacia los no-creyentes. Necesitan hacer planes para salir a la comunidad a interactuar con los no-cristianos. Bill Mallick, un especialista en la plantación de iglesias, aconseja a plantadores de iglesias que hagan veinte contactos o conversaciones por semana. [5] Pueden ser conversaciones en una cafetería, en un juego de fútbol, o en un asado de la cuadra. Eso no quiere decir que el plantador de iglesias va a estar compartiendo el evangelio o "dando testimonio". La meta más bien es salir a la comunidad y desarrollar relaciones con la gente.

Rob Campbell desarrolló el "Plan 10-5-1" para llevar a los plantadores de iglesias a la comunidad. La meta es conocer a diez personas nuevas cada semana: la joven que te sirvió el café, el asistente de la gasolinera, quien trae el correo, etc. El "quien" no importa. La clave es hacer los contactos.

Más allá del contacto inicial, el objetivo es conseguir el nombre de la persona. Entonces el plantador escribe el nombre y un recordatorio de lo que pasó. ¿Para qué? Para orar, para "bañar" a la persona en oración, pidiendo la bendición de Dios y Su obrar en la vida de él o ella.

De los diez nuevos contactos, la meta ahora es tener una conversación un poquito más larga con cinco de ellos cada semana. Las preguntas de la conversación podrían ser: "¿Qué haces para divertirte cuando no estás trabajando?" o "Cuando te encontré ayer ibas a hacer esto... ¿cómo te fue?

La estrategia es de abrir las líneas de comunicación. Escuchar es la clave mientras continúas orando.

No hay que dar una invitación de inmediato. El plantador puede optar por esperar un día festivo para invitar a la persona a una reunión o cena en un grupo pequeño. La clave está en darse cuenta que formar amistades y relaciones es lo que hacen los plantadores de iglesias. Pasan tiempo en el terreno. Rob escribe:

No hay anzuelo o trampa en el Plan 10-5-1. Dios está en control. Sencillamente estás permitiendo que Él te ocupe para amar y hacer amistad con otros. Déjale a Él los resultados. El Plan 10-5-1 es una herramienta, no una regla. Es un plan intencional para mantenerte enfocado en la cosecha.[6]

Rob se da cuenta que un plan como el 10-5-1 no funciona igual para todos. El punto básico, sin embargo, es que si los plantadores se quedan en sus oficinas y no salen a la comunidad para mezclarse con personas pre-cristianas, probablemente no crecerá la iglesia. Y el plantador no estará siguiendo el ejemplo de Jesús que era amigo de pecadores.

Si el plantador de iglesias está en la comunidad de una forma regular y natural, no necesita de tal plan. Pero para los plantadores que prefieren tener un procedimiento claro, el Plan 10-5-1 es una muy buena opción.

Mejora tu puntería

No me causa mucha emoción tirar del gatillo de una escopeta. ¿Por qué? Porque el culetazo duele. Y esta reacción también afecta negativamente la puntería. Tuve que aprender a ajustar mi puntería para tirar con más precisión.

Pasar tiempo con las personas es necesario. Pero hay ciertos tipos de personas que están más abiertas al mensaje del evangelio que otras. Por ejemplo, un divorcio, una hospitalización, o aún eventos positivos como un nacimiento o un matrimonio pueden incrementar la tensión y hacer que las personas estén más abiertas al mensaje del evangelio. Algunos de los eventos de la vida son más intensos que otros, como muestra el cuadro abajo.[7]

Si tnaciones difíciles y que causan estres hacen que las personas sean más abiertas al mensaje del evangelio.

Separación matrimonial	65	Logro personal destacado	28
Encarcelamiento	63	Espos@ que comienza a trabajar	
Muerte de un miembro de familia	63	Terminar o comenzar estudios	26
Herida personal o enfermedad	53	Cambio de vivienda	25
Casamiento	50	Revisión de hábitos personales	24
Despido del trabajo	47	Problemas con el jefe	23
Reconciliación marital	45	Cambio de horas o condiciones de trabajo	20
Jubilación	45	Cambio de residencia	20
Cambio de salud de la familia	44	Cambio de institución educativa	20
Embarazo	40	Cambio de hábitos de recreación	19
Dificultades sexuales	39	Cambio de actividades de la iglesia	18
Adicón a la familia	39	Cambio de actividades sociales	
Reajuste de Los negocios	39	Hipoteca o préstamo menos a 10.000€	18
Cambio del estatus financiero	38	Cambios en el sueño	16
Muerte de un amigo cercano	37	Cambios de hábitos de comer	15
Peleas maritales	35	Cambios en el núemro de reuniones de familia	15
Hipoteca o préstamo de más de 10.000€	31	La navidad	12

El mensaje de vida abundante que Jesús vino a darnos es un alivio bien apreciado en tiempos de stress.

Los mejores lugares para alcanzar a los que no van a la iglesia, a los necesitados, es entre los que están experimentando una bancarrota, o han entrando en un programa de los doce pasos, o que tengan alguna otra lucha. Las personas satisfechas y confortables muy raramente responden a Jesús. David Garrison, autor y experto en los movimientos de plantación de iglesias, escribe:

> Una gran estabilidad social tiende a arrullar a la gente en un falso sentido de seguridad. Se olvidan que la vida es corta y que uno tiene que prepararse para la eternidad. Esto crea un obstáculo para la gente acomodada de Europa Occidental, el Japón y los Estados Unidos donde una salud económica sin precedentes ha fomentado un malestar sin precedentes.

Muchas veces Dios permite que la gente se sienta incómoda a través de una crisis. La razón por la que clamé a gritos a Jesús en mi dormitorio en 1973 fue por una depresión que vivía pensando en mi futuro. ¿Qué iba a hacer? ¿Con quien iba incularme? ¿Qué significa la vida? La crisis llegó al punto de hervor y clamé a Jesús.

El mensaje de vida abundante que Jesús vino a darnos es un alivio bien apreciado en tiempos de stress.

Escuché decir a un plantador de Iglesias que muchas veces no bajamos lo suficiente en los círculos de la sociedad para dar con el oro. No vamos a las personas en crisis que conocen su necesidad de Dios. Preferimos pasar tiempo con los fuertes, los seguros y los satisfechos—pero estas personas, en última instancia no sienten la necesidad de Dios. Jesús tiene su corazón inclinado hacia los quebrantados y heridos. Enfocó su ministerio hacia los pobres, los que estaban en bancarrota espiritual, los que vivían al margen de la sociedad. La Escritura dice:

> Se le acercaron en el templo ciegos y cojos, y los sanó. Pero cuando los jefes de los sacerdotes y los maes-

tros de la ley vieron que hacía cosas maravillosas, y que los niños gritaban en el templo: "¡Hosanna al Hijo de David!" se indignaron (Mateo 21:14-15).

Los que quieren a Jesús muchas veces son los ciegos, los cojos y los parias. En Moreno Valley, California, hay un mosaico de nacionalidades con una variedad de niveles de ingreso, educación y estatus social. Hemos venido, naturalmente, evangelizando a los blancos de clase media. Pero estamos descubriendo también que algunos en nuestro grupo homogéneo de blancos son los menos flexibles y receptivos al ministerio. Nos hemos sentido impulsados a salir a las esquinas de las calles e invitar a todos (especialmente a los necesitados) a venir al banquete del Rey. Después de todo, Jesús dijo:

> "El banquete de bodas está preparado, pero los que invité no merecían venir. Id al cruce de los caminos e invitad al banquete a todos los que encontréis". Así que los siervos salieron a los caminos y reunieron a todos los que pudieron encontrar, buenos y malos, y se llenó de invitados el salón de bodas (Mateo 22:8-10).

Jesús reunió una banda multicolor: por un lado los de "cuello azul" como los pescadores, por otro lado los de "cuello blanco" como los recolectores de impuestos para que formaran parte del los doce originales. No sólo que interactuó con la mujer del pozo en Samaria, sino que también dio la comisión en Hechos 1:8 a los apóstoles, que serían sus testigos en Jerusalén, Judea, Samaria y hasta lo último de la tierra.

La persona de paz

Dios es quien nos guía hacia gente de paz. Él está preparando una audiencia lista para escuchar las Buenas Nuevas.

La soberanía de Dios debe traer esperanza al plantador de iglesias. Dios está preparando a las personas. Nuestro trabajo es hallarlos. Jesús dijo:

Cuando entréis en una casa, decid primero: "Paz a esta casa". Si hay allí alguien digno de paz, gozará de ella; y si no, la bendición no se cumplirá. Quedaos en esa casa, y comed y bebed de lo que ellos tengan, porque el trabajador tiene derecho a su sueldo. No andéis de casa en casa (Lucas 10; 5-7).

¡ Excelente !

Una persona de paz es alguien a quien Dios, en su soberanía, ha preparado para recibir el evangelio antes de tu llegada. La esencia de la plantación de iglesias está en hallar, de hecho, a quienes Dios en su soberanía ha preparado. Dios es quien quiere establecer iglesias más que nosotros, y Él hace que esto suceda. A menudo lo hace por abrir los corazones de personas claves.

En la iglesia primitiva, Dios abrió el corazón de Cornelio para escuchar y responder al evangelio (Hechos 10). Dios preparó a Cornelio para recibir el ministerio de Pedro. Lo mismo sucedió en la conversión de Lidia. La Escritura dice:

> Una de ellas, que se llamaba Lidia, adoraba a Dios. Era de la ciudad de Tiatira y vendía telas de púrpura. Mientras escuchaba, el Señor le abrió el corazón para que respondiera al mensaje de Pablo. Cuando fue bautizada con su familia, nos hizo la siguiente invitación: "si vosotros me consideráis creyente en el Señor, venid a hospedaros en mi casa". Y nos persuadió (Hechos 16:14-15).

Lo mismo sucedió con el carcelero de Filipos (Hechos 16:31-34). Dios ocupó un terremoto para despertarlo al evangelio.

Plantadores de iglesias necesitan orar por individuos claves. La persona de paz puede ser o no un creyente inicialmente, pero está abierto a la obra del evangelio y receptivo a su mensaje. Mencioné a Dave antes en el libro. Ya era creyente pero tenía mucho interés en mi visión de plantar iglesias sencillas que se reprodujeran. Dios abrió su corazón para que respondiera a mi invitación de unirse a nosotros. Como enseñaba en la escuela primaria de Moreno Valle, tenía muchos contactos y mucha influencia. Nuestra familia era nueva en el área, y Dave nos ayudó a conectarnos. A menudo, nuestro trabajo consistió en alcanzar a los amigos de Dave mientras estábamos nosotros en el proceso de establecer nuestros propios amigos.

La posición de avanzada

La batalla más terrorífica en la película Salvando al soldado Ryan es cuando las fuerzas aliadas invaden Normandía, Francia, el 6 de junio de 1944. A causa de la posición de avanzada en territorio enemigo que se había establecido con la invasión del Día-D, a fines de agosto de 1944, todo el norte de Francia quedó liberada, y las fuerzas aliadas se reorganizaron para el golpe final sobre Alemania que eventualmente terminó con el Reich Nazi.

Una posición de avanzada en territorio enemigo es una posición tomada por las tropas que sirve como base para los siguientes avances. Al igual que las fuerzas aliadas, todos los plantadores de iglesias necesitan un punto de entrada. Necesitan un punto de apoyo definido que pueden expandir a medida que llega más gente para unirse a las tropas. Pablo y su equipo encontraron un punto de entrada, una posición de avanzada en Filipos. Muchas veces la posición de avanzada era una sinagoga de los judíos. (9) Una de las razones por las que a Pablo le gustaba tanto las sinagogas era que los judíos ya tenían el temor de Dios y muchos eran griegos que tenían acceso a la comunidad. Estos griegos temerosos de Dios llegarían a ser la posición de avanzada en la comunidad.

Es interesante que después de establecer su posición de avanzada en Filipos, fueron metidos en la cárcel después de echar fuera el demonio de la adivina. Pablo expandió su posición de avanzada a través de su ministerio en la prisión. Escribe Sheik:

Todo plantador de iglesias debe planear y estar alerta al momento histórico que trae Dios a la experiencia de una iglesia recién plantada. Debemos abrazar el momento de oportunidad cuando el evangelio habla a la comunidad con relevancia y poder. A veces toma muchos años de fiel ministerio hasta que se aclara el momento de oportunidad. La oportunidad no es siempre una crisis. Puede ser una puerta abierta para un ministerio tranquilo, o la conversión de una persona que Dios ocupa para revelar la gloria del evangelio a toda la comunidad.[10]

En la estrategia de la iglesia sencilla los hogares de los miembros son las posiciones de avanzada en la comunidad. Estos grupos necesitan ser evangelísticos en naturaleza, con miembros que inviten siempre a nuevas personas a formar parte del grupo.

Jeff Boersma plantó una iglesia sencilla y reproducible de un solo grupo celular. Durante el primer año formó un equipo de líderes para el lanzamiento de la iglesia, entrenó a los líderes, se reunió semanalmente para fortalecer la vida de la célula, tuvo varios retiros y los preparó para la multiplicación del primer grupo. Sin embargo, su equipo de lanzamiento no funcionó. Uno por uno se salió del grupo piloto. El problema: no podían lograr la cosecha.

Durante el segundo año, Jeff comenzó de nuevo con su esposa y sus tres hijos en un grupo pequeño. Entre tanto, continuaron desarrollando relaciones dentro de la comunidad. Eventualmente extendieron una invitación a las personas con quienes habían desarrollado una relación, y tres familias se unieron a ellos. El grupo creció a treinta personas y dio a luz un segundo grupo. Al fin Jeff había establecido su posición de avanzada entre los que no iban a ninguna iglesia.

Al tercer año se vio nacer el tercer grupo. Jeff escribe:

Mantengo contactos semanales y mensuales con el grupo de líderes y me siento bien con nuestro proceso de aprendizaje. Sin embargo, ha sido todo un reto comenzar una iglesia con un grupo de personas que no han tenido ninguna experiencia con la iglesia. Supongo que he aprendido de nuevo que los caminos de Dios no siempre son mis caminos.

Jeff continúa diciendo:

Todavía somos unos principiantes comparados con
las plantaciones de iglesias más tradicionales, tomando en cuenta que sólo unos cuarenta se identifican con nuestra iglesia. Por supuesto, somos
ocho veces más grandes que hace dos años cuando
éramos sólo una familia de cinco. Ha tomado tres
años de perseverancia, sanidad de muchas heridas y
compartir profundamente las alegrías, los dolores y
las vidas de otras personas.[11]

Desde mi primera experiencia de disparar en los Badlands, en 2002, he tenido otras oportunidades. Incluso invité a
mi hija en una ocasión y ella mostró mucho potencial. Algunos
dicen que la práctica puede cambiar cualquier novato en un experto.

novice

A medida que aprendes de tu audiencia, pasas tiempo con
los no-cristianos y estableces una posición de avanzada estarás
en el camino correcto hacia la experiencia de plantar una congregación vibrante.

¿Pero cómo exactamente comenzarás tu nueva iglesia?
Los próximos capítulos nos llevarán al corazón de la plantación
de iglesias sencillas. Estudiaremos las estrategias prácticas para
plantar iglesias que se reproducen.

Apuntando Bien

Aprender las costumbres y la cultura

Alcanzar a las personas - desarrollando amistades y
haciendo un cierto número de visitados → *Conocer*
Nombrar
Mejorar la puntería *Orar*
situaciones difíciles *Escuchar*
Personas quebrantadas y heridas
Personas de paz (Lucas 10:5-7)

Posición de avanzada

ección **Tres**

:trategias para empezar iglesias ncillas

Capítulo Siete

Plantando iglesias mediante células sencillas

Conocí a un plantador de iglesias que comenzó un grupo en casa y lo multiplicó varias veces. Sin embargo, al hablar con él, se sentía desanimado: "No estoy seguro si soy yo quien deba dirigir esta plantación de iglesia". Sólo le escuché. Él continuó: "Ya debería tener más personas ahora para que pueda lanzar esta iglesia".

"Pero ya tienes una iglesia", le rebatí.

"Pero necesito tener muchos más en el equipo de lanzamiento para verdaderamente proyectar la iglesia en el futuro", dijo.

Este plantador de iglesias tenía profundamente arraigada la noción de que una iglesia no existe si no es debidamente inaugurada con la participación de mucha gente. Mientras eso sucedía, sentía que estaba sencillamente reuniendo gente en preparación para lanzar la verdadera iglesia. Mientras esperaba el lanzamiento, se sentía sujeto a sentimientos de fracaso porque otros le habían dicho que debería tener más personas para lanzar la iglesia.

Aconsejé a mi amigo que considerara su primera célula como iglesia. Le dije que se alegrara de la multiplicación de células, sabiendo que ya había plantado la iglesia. A su debido tiempo llevaría estas células a un culto de celebración para reunir a todos los creyentes para adorar y recibir la enseñanza de la Palabra de Dios.

Quería que este plantador de iglesias sintiera el gozo puro de saber que ya había plantado una iglesia. Obviamente, su labor sin tregua era alcanzar a otros, multiplicar las células y seguir haciendo discípulos.

En muchos enfoques de plantar iglesias, los grupos pequeños pueden constituir una parte importante en comenzar o continuar la iglesia. Sin embargo, la meta última parece ser la de establecer un culto dominical (o sabatino).

En la estrategia de la iglesia celular la primera célula es oficialmente la iglesia. La meta es multiplicar células y reunirlas para la celebración.

¿Qué es el modelo celular?

La mayoría sabe cómo es un culto dominical. Los adoradores se unen para escuchar la Palabra predicada, para alabar al Dios viviente y participar en los sacramentos (ej. la Santa Cena y el bautismo).

Pero ¿qué de la célula? La definición más común de célula (y la que seguimos en este libro) es: un grupo de tres a quince personas que se reúnen cada semana fuera del edificio de la iglesia para practicar la evangelización, crear una comunidad y crecer espiritualmente con la meta de multiplicar el grupo.

La sencillez de la plantación de una iglesia celular lo hace muy emocionante. Aun sin el sostén de una iglesia madre, un plantador de iglesias puede abrir la primera célula en una casa y alcanzar a los no-cristianos.

No todos los grupos pequeños son grupos celulares. Una diferencia mayor entre los grupos celulares y otros grupos pequeños es el énfasis que ponen las células en la evangelización, el desarrollo del liderazgo y la multiplicación de cada célula.

Las iglesias celulares también tienen otros tipos de ministerios (ej. acomodar a la gente, adoración, oración, misiones, y entrenamiento). Estos ministerios, sin embargo, no se llaman grupos celulares aunque el ministerio particular sea pequeño y se haga en grupo.[1]

En una iglesia celular la célula es la espina dorsal o ADN del ministerio de la iglesia. El ministerio celular reemplaza la necesidad de muchos programas tradicionales.

Me gusta usar la frase la iglesia basada en células porque el fruto se mide primordialmente por el crecimiento de la infraestructura, a medida que la iglesia crece del núcleo a la muchedumbre.

Algunas iglesias tienen grupos celulares como uno de los programas de la iglesia. En este escenario, el pastor principal, mientras supervise todos los programas, delega el ministerio de los grupos pequeños a otra persona. En la iglesia celular, sin embargo, el pastor principal está personalmente involucrado en el ministerio celular y es considerado como el punto clave y el visionario de las células. David Hesselgrave, profesor emérito de misiones en Trinity Evangelical Divinity School, escribe:

> La iglesia de células-celebración tiene un gran atractivo para jóvenes adultos postmodernos a quienes no les gustan las iglesias tradicionales "impersonales" y anhelan relaciones más íntimas y un liderazgo compartido. Las iglesias celulares están estratégicamente ubicadas para alcanzar a la próxima generación para Cristo, porque no se trata de instituciones y propiedades sino de salas de hogares y personas. Relacionado con esto hay un segundo beneficio: este modelo tiene un fuerte potencial para la evangelización y el discipulado. Las iglesias celulares se enfocan en la cosecha. En tercer lugar, la asimilación rápida de nuevos creyentes a la vida de la iglesia se realza en el grupo celular. Finalmente, el énfasis que se pone en entrenar líderes que puedan entrenar otros líderes (cada célula tiene tanto un mentor como un aprendiz) provee una constante reserva de nuevos obreros laicos para nuevos proyectos. Se mira al liderazgo y al ministerio como si fueran para todos. [2]

Foto instantánea de la plantación de una iglesia celular

La sencillez de la plantación de una iglesia celular lo hace muy emocionante. Aun sin el sostén de una iglesia madre, un plantador de iglesias puede abrir la primera célula en una casa y alcanzar a los no-cristianos. La célula en esta etapa es más como una iglesia en casa. La meta es ver a los no-cristianos llegar a Cristo, recibir entrenamiento sobre la marcha y, entonces, enviarlos a dirigir sus propios grupos celulares.

Un plantador de iglesias debe formar un equipo (habrá más sobre el desarrollo del equipo en el próximo capítulo). El equipo núcleo quizá venga de la iglesia madre, de la denominación, de una petición por "misioneros", de la ayuda de otra iglesia, o aun de entre los que no tienen experiencia con una iglesia.

El equipo se reúne en una célula piloto por el tiempo de seis meses a un año. Durante este período, los miembros del núcleo de la célula piloto practican la vida de célula, observando los cuatro momentos de una célula (descritos en el apéndice). Se anima a cada miembro del núcleo a llegar a conocer a no-cristianos en su vecindad.

El plantador de iglesias entrena a los miembros del equipo nuclear aparte de la reunión celular.[3] En nuestra plantación de iglesia, encontramos que era efectivo apartar un sábado o un domingo para un entrenamiento concentrado.

A medida que se acerque el tiempo de multiplicar la célula, el grupo piloto practica la evangelización en grupo, invitando a nuevas personas a unirse a uno de los nuevos grupos. Cuando la célula se multiplica a varias nuevas células, el plantador de iglesias se concentra en la mentoría de los nuevos líderes mientras continúa dirigiendo un grupo celular regular.

Cuando haya cuatro células, se comienza una celebración mensual. Estas reuniones mensuales puedan llevarse a cabo en un parque, una escuela, o en el edificio de una iglesia. Cuando haya aproximadamente diez células con 100 personas, recomiendo una celebración semanal. Una parte clave del ADN, desde el mero comienzo, es de plantar nuevas iglesias celulares.

Regreso a la sencillez

Es verdad que algunas iglesias celulares son enormes, pero la mayoría son pequeñas y flexibles.[4] Más y más líderes alrededor del mundo se sienten atraídos a una forma sencilla de vida eclesial, una que no requiera presupuestos enormes y predicadores súper talentosos, sino que siga el modelo de la iglesia del Nuevo Testamento. Yo mismo me encuentro deseando un modelo neotestamentario sencillo y reproducible.

La iglesia celular de mañana no dependerá de grandes edificios o tecnología especializada para funcionar. Una razón por la que las mega-iglesias aparecen tan complicadas es que lo son. Una mega-iglesia en las afueras de la ciudad de Los Ángeles, por ejemplo, está embarcándose en un proyecto de expansión de 10 años con un centro de adoración con 4.000 asientos, un lago artificial, un patio para comidas, una cafetería, y atracciones de ocio incluyendo una pared para escalar y pantallas gigantes de video.

La hermosura de una iglesia celular sencilla consiste en ser reproducible.

Una persona que haya dirigido una célula, la haya multiplicado y haya dado mentoría al líder de la célula hija, ha asimilado las bases centrales de lo que se requiere para plantar una iglesia celular. Tal persona es un candidato de primer orden para la plantación futura de una iglesia—en cualquier parte del mundo.

Sin duda alguna, un potencial plantador de iglesias va a buscar una educación bíblica y crecer en el conocimiento de Jesucristo. Llevar fruto a nivel celular contribuye a la confianza para plantar una futura iglesia, y permite que el candidato pueda hacerlo. El orden parece ser muy claro:

- Asistir a una célula.
- Recibir entrenamiento.
- Plantar una célula.
- Multiplicar la célula varias veces.
- Dar mentoría a los líderes que se han multiplicado en otros grupos.
- Recibir más entrenamiento bíblico.
- Plantar una iglesia en su país o en otra parte del mundo ocupando la misma estrategia.

Iglesias celulares no requieren de enormes presupuestos, ni de grandes terrenos, ni de modernos edificios o de pastores súper talentosos. La estrategia celular consiste en ocupar las casas de personas en toda la ciudad como el lugar primario de reunión. En vez de afanarse por sacar a las personas de sus casas una vez a la semana para un culto de una hora, es mejor utilizar las mismas casas para alcanzar a una ciudad entera y una nación.

Una persona que haya dirigido una célula, la haya multiplicado y haya dado mentoría al líder de la célula hija, ha asimilado las bases centrales de lo que se requiere para plantar una iglesia celular.

En mayo del 2002 hablé con ejecutivos denominacionales que habían sido influidos por el movimiento de Iglesias en Casas. Ellos tenían resistencia a la idea de desarrollar mega-iglesias por los mega-problemas asociados con este fenómeno: mega-edificios, mega-espacios de tierra, y pesadillas burocráticas de mega-proporciones.

Animé a estos líderes a no rechazar de plano las grandes iglesias celulares. "Después de todo", les dije, "si Dios llama a un pastor que puede liderar una iglesia celular al estatus de una mega-iglesia como una abanderada de esa posibilidad, tal iglesia podría tener una poderosa influencia". Bethany World Prayer Center es uno de estos ejemplos. Mega-iglesias celulares, sin embargo, no deben ser la norma o la meta. La gran mayoría de pastores de iglesias celulares van a formar iglesias más pequeñas y más flexibles que tienen su enfoque en la plantación de iglesias. Ralph Neighbour, un experto en el ministerio de iglesias celulares, escribe:

Yo mismo he llegado a la conclusión de que la combinación de células y mega-iglesias no es la manera de proseguir, y en este momento estoy trabajando con un modelo de iglesia celular que formaría células que a su vez crearían congregaciones de 50-60 personas, pero que todavía pertenecen a una visión y a un movimiento. Yo personalmente sueño con la posibilidad de plantar una red de iglesias celulares más pequeñas, de 5-10 células. Cada grupo se reuniría en celebraciones -dos veces por mes- pero semanalmente en las células. Puedo imaginar este tipo de plantación de iglesias suceder en todo el mundo. No es necesario tener una iglesia celular grande.[6]

Iglesias celulares pueden dar a luz nuevas iglesias celulares de cualquier tamaño. Algunas crecerán a ser grandes, pero percibo que hay una nueva ola de plantar iglesias celulares sencillas y reproducibles.

Variaciones de plantar una iglesia de células

La mayoría de las iglesias celulares dan a luz a iglesias celulares hijas en la misma ciudad, como lo he mostrado a través de este libro. Algunas iglesias celulares, sin embargo, escogen plantar sólo una iglesia celular por ciudad. La Iglesia Elim de San Salvador es un ejemplo de esta estrategia.[7] Elim planta iglesias en diferentes ciudades, sí—pero no en la misma ciudad. La Iglesia Elim ahora tiene más de 120 iglesias en diferentes ciudades alrededor del mundo con aproximadamente 200.000 asistentes. Para que Elim inicie un servicio de celebración en una ciudad, se espera hasta que haya por lo menos cinco grupos celulares plenamente funcionando. Quieren estar seguros que el sistema celular opere bien antes de anunciarse al público.[8]

Otras iglesias celulares han escogido plantar iglesias satélites conectadas a la iglesia madre. Las finanzas de las iglesias satélites, por ejemplo, se administran a través de la iglesia madre, y los pastores de los satélites se ven como personal de la iglesia madre. Muchas veces los pastores de las obras satélites asisten a la reunión semanal del personal, con la excepción de los que viven demasiado lejos.[9] — (f) caution

Una palabra de cautela: Un pastor principal nunca debe tratar de mantener a los líderes bajo su control a través del modelo de satélites. Algunos pastores de obras satélites pueden sentirse atrapados y sin poder expresarse plenamente como pastores de sus propias iglesias. Necesitamos tener la voluntad de soltar a cualquier que desea plantar una iglesia, y entonces hacer lo mejor para asegurar el éxito de la nueva iglesia.

Mi convicción personal es que pocas iglesias celulares crecerán al estatus de mega-iglesias celulares y que la plantación de iglesias debe ser una prioridad más alta que la expansión de una sola iglesia.

¡Planta!

La gente me pregunta: "Joel, ¿por qué tienes tanto interés en plantar iglesias celulares?" Les digo que los grupos celulares son el lugar perfecto para desarrollar nuevos líderes. Los líderes no se desarrollan ni se ejercitan por sentarse en las bancas de la iglesia los domingos por la mañana o por adorar en un grupo grande. En una célula, en cambio, una persona puede desarrollarse como líder. El ministerio celular saca a flote las destrezas que una persona necesita para una futura plantación de iglesia—pastoreando, cuidando, aconsejando, evangelizando y dando mentoría. Es el microcosmos perfecto para preparar un plantador de iglesias maduro para el futuro.

La reproducción está en el corazón del movimiento de iglesias celulares. Esta reproducción comienza a nivel de la multiplicación de células, pero tiene que extenderse al ámbito de la plantación de iglesias porque la plantación de iglesias es la mejor manera de cumplir con la gran comisión que Jesucristo nos dejó.

He procurado pintar el cuadro grande de la plantación de iglesias celulares. Ahora necesitamos mirar los detalles del proceso de plantación.

[Notas manuscritas:]

Célula — Reunión semanal
  evangelización
  crear comunidad
  crecimiento espiritual

Iglesias celulares son sencillas reproducibles y no tienen problemas de grandes presupuestos, terrenos y edificios

Grupos celulares ponen énfasis en:
  evangelización
  desarrollo de liderazgo
  multiplicación de cada célula

Iglesia celular
  están ubicados para alcanzar la próxima generación
  tienen fuerte potencial para la evangelización y el discipulado
  asimila rápidamente a los nuevos creyentes para involucrarse en la iglesia
  provee una constante reserva de obreros laicos

Plantación de iglesia celular
1- Formar equipo
2- Célula piloto
3- Invitar a no cristianos a los grupos que lanzará la célula piloto
4- Celebración mensual
5- Celebración semanal

Capítulo Ocho

Cómo plantar a una iglesia celular

El 13 de febrero de 1988, el Dr. Harold Mangham nos casó a Celyce y a mí. Antes de la boda nos dio dos consejos. "Primero, aprendan a decir continuamente ´Lo siento´. Segundo, encuentren una pareja con quien puedan reunirse de manera continua a lo largo de la vida. Esto les ayudará a ser consecuentes y responsables".

Hemos tratado de aplicar los consejos del Dr. Mangham a nuestro matrimonio. Decir lo siento y pedir perdón es algo que tratamos de practicar constantemente. Y contamos con una pareja con la que nos reunimos con regularidad, Owen y Debby Schumacher. Owen era mi mejor amigo antes de conocer a Celyce. Y Debby, una amiga de Owen en aquel entonces, me presentó a Celyce. Tenemos la misma edad, tuvimos nuestros hijos más o menos al mismo tiempo, y hemos caminado por la vida juntos por los últimos veinte años.

Owen y Debby trabajan en Afganistán como obreros de apoyo para desastres; de modo que es difícil reunirnos con ellos frecuentemente. Sin embargo, en junio del 2008, en Breckenridge, Colorado, EE.UU., tuvimos nuestro noveno retiro juntos. No nos habíamos visto por tres años.

La primera noche fuimos a cenar en un restaurante mexicano. Entonces regresamos al apartamento para planear el tiempo que pasaríamos juntos. Nuestra familia de cinco y su familia de seis nos sentamos para una reunión de negocios "a la antigua". Pusimos sobre la mesa las diferentes actividades posibles que incluían: caminatas, ir a un museo, patinar sobre (f) hielo, dar de comer a las ardillas, pasar tiempo en el centro de squirrel ocio y, por supuesto, tiempo a solas para los adultos. Votamos por lo que queríamos hacer y entonces arreglamos los planes para cada día.

Mientras pasaban los días, hicimos varios ajustes. Decidimos al segundo día, por ejemplo, que el centro de ocio era demasiado caro. Optamos por "la piscina de la asociación" que era gratis en el lugar donde estábamos hospedados. También cambiamos el tiempo de patinar en hielo del segundo al último día. Aunque cambiamos los planes, sabíamos lo que deseábamos hacer.

Se hacen planes para luego ajustarlos en el camino, pero no hay razón de no tener un plan. Los plantadores de iglesias que hacen planes detallados tienen muchas más posibilidades de éxito que los que no planean nada. Plantadores eficaces de iglesias cambian sus planes a medida que escuchan al Espíritu de Dios, interaccionan con el público que quieren alcanzar y descubren lo que funciona mejor.

¿Cuáles son algunos de los pasos para plantar una iglesia celular sencilla?

Primer paso: reclutar un equipo de guerreros de oración

Cuando mi esposa y yo salimos por primera vez para el Ecuador en 1990 para plantar iglesias, de alguna forma creímos que al desarrollar muchas relaciones sociales y comer muchos postres con la gente, estaríamos estableciendo una base firme. Fielmente escribíamos cartas personalizadas a 25 iglesias cada mes, pero el impacto era mínimo. Cuando regresamos de un tiempo de visitar iglesias en los EE.UU., nos dimos cuenta que las amistades anteriores se habían apagado. Entonces leí el libro de C. Peter Wagner, El escudo de Oración, y capté una nueva visión, la de reunir guerreros de intercesión para pararse al lado mío y de mi familia. Reunir un equipo de guerreros comprometidos con la oración ha revolucionado nuestro ministerio.

En El Escudo de Oración, Wagner muestra por qué es necesaria la oración de intercesión para los líderes cristianos, y cómo la podemos conseguir. Compré 75 copias de este libro y las entregué a las personas que había reclutado como guerreros de oración. ¡Valió muy bien el dinero que había invertido! Toda persona que está plantando una iglesia se beneficiará al leer este libro. Cada miembro del equipo necesita desarrollar un escudo de oración y formar parte del escudo de otra persona.

El apóstol Pablo sabía cómo reclutar guerreros de oración. Pablo escribió a la iglesia en Colosas: "...y, al mismo tiempo, interceded por nosotros a fin de que Dios nos abra las puertas para proclamar la palabra, el misterio de Cristo por el cual estoy preso. Orad para que yo lo anuncie con claridad, como debo hacerlo" (Colosenses 4:3-4).

Pablo dijo algo similar a la iglesia en Tesalónica: "Hermanos, orad también por nosotros" (1 Tesalonicenses 5:25). A la iglesia en Roma escribió Pablo: "Os ruego hermanos, por nuestro Señor Jesucristo y por el amor del Espíritu, que os unáis conmigo en esta lucha y que oréis a Dios por mí" (Romanos 15:30). A los corintios, Pablo les dijo: "Mientras tanto, vosotros nos ayudáis orando por nosotros. Así muchos darán gracias a Dios por nosotros a causa del don que se nos ha concedido en respuesta a tantas oraciones" (2 Corintios 1:11).

Se hacen planes para luego ajustarlos en el camino, pero no hay razón de no tener planes. Los plantadores de iglesias que hacen planes detallados tienen muchas más posibilidades de éxito que los que no planean nada.

Pablo, el plantador de iglesias por excelencia, sabía que no podía seguir adelante sin la oración. ¿Lo sabías tú?

Segundo paso: desarrollar valores y visión

Sabrás si Dios te ha llamado a plantar una iglesia por tu pasión y convicción. ¿Te sientes impulsado a levantar líderes que multipliquen nuevos grupos? ¿Te encanta el evangelismo relacional? ¿Estás convencido de la necesidad de una comunidad? Al leer el capítulo siete de este libro ¿sientes el llamado de comenzar una iglesia celular sencilla?

Probablemente has leído algo sobre el ministerio de una iglesia celular. Lee todo lo que puedas. Hay una lista de lecturas recomendadas en mi sitio: www.joelcomiskeygroup. com. Animo a los plantadores de iglesias celulares a leer cuantos libros puedan de los recomendados. Uno de los pastores a quien di mentoría tomó un sabático de seis meses sólo para leer y reflexionar sobre el ministerio de células. Estaba convencido que Dios le había llamado a plantar una iglesia celular pero no sabía mucho de cómo hacerlo.

No todos pueden tomar un sabático, pero todos los plantadores de iglesias necesitan tomarse el tiempo para aprender lo básico del ministerio celular. Este plantador de iglesias en especial mira al sabático que tomó como una de las mejores decisiones que ha hecho.

Visitar una iglesia celular también te ayudará a sentir la visión y los valores del ministerio celular. El pastor que tomó el sabático también visitó a dos iglesias celulares muy dinámicas en los EE.UU. En mi libro, *The Church that Multiplies,* incluyo 44 iglesias celulares norteamericanas que recomiendo (hay muchas más). En *Recoged la Cosecha* pongo de relieve más iglesias celulares a nivel mundial.

Recomiendo que asistas a un seminario sobre pequeños grupos para indagar cómo dirigir y multiplicar un grupo pequeño. *to find out, investigate; to inquire*

Tienes que llegar al punto de estar listo a moverte más allá de los modelos de iglesias celulares y descubrir por ti mismo los principios claves de las iglesias celulares. Serví de consultor a un equipo pastoral que estaba constantemente tratando de copiar el formato de alguna iglesia exitosa, sin esforzarse por descubrir su propia filosofía de ministerio. Habían descuidado los principios básicos del ministerio de la iglesia celular y estaban enredados tratando de duplicar la forma exterior de la experiencia de otros. Leyendo, visitando iglesias celulares y asistiendo a seminarios te ayudará a entender lo que es central al ministerio celular—los principios claves (ver el apéndice cuatro que contiene una lista de los principios claves de una iglesia celular).

Si te es posible, involúcrate en una iglesia celular antes de tratar de plantar una. También es importante dirigir un grupo celular y multiplicarlo antes de tratar de plantar una iglesia celular. ¿Por qué? Porque eso es esencialmente lo que vas a hacer en la plantación de la iglesia. Bob Roberts Jr. aconseja sabiamente:

> Los internos que hacen prácticas en la plantación de iglesias empiezan grupos pequeños en nuestra iglesia, de modo que forman parte de nuestra comuni-

dad normal que sigue su curso. Pueden "llevarse" a cualquier persona que hayan alcanzado en su grupo pequeño, teniendo en mente que la mayoría de su gente vendrá de fuera de Northwood. Si no pueden comenzar un grupo pequeño, ¿cómo piensan que pueden comenzar una iglesia? Si todo lo que hacen es reunir miembros de la iglesia para su grupo pequeño, no han mostrado ninguna habilidad para plantar una iglesia. Cuando reúnen personas de fuera de la congregación de Northwood, comenzamos a emocionarnos.[1]

Dirigir y multiplicar un grupo pequeño te dará la confianza de hacer lo mismo en un proyecto de plantar una iglesia. En la plantación de una iglesia sencilla se trata de levantar líderes para la cosecha quienes, a su vez, puedan dirigir los grupos en casas y seguir el proceso.

Tercer paso: invitar personas a la célula piloto

El grupo piloto es tu primer grupo celular. Cuando comiences tu grupo piloto habrás comenzado tu iglesia. Las primeras personas en tu grupo piloto son los miembros fundadores. Ellos serán las piedras del cimiento del futuro.

El grupo piloto no debe exceder de 15 adultos. Si hay más de 15, comienza dos o más grupos pilotos a la vez.

¿Por qué comenzar un grupo piloto? Porque el ministerio celular se aprende mejor por hacer y no por hablar. A medida que los primeros líderes captan la visión del ministerio celular, impartirán a otros lo que han experimentado. Los miembros fundadores también verán, sentirán e interaccionarán con los valores del pastor principal.

Las equivocaciones en la etapa de formación del grupo piloto son mucho más fáciles de corregir al comienzo. Si el grupo piloto no practica el evangelismo, no lo hará ninguno de los grupos que salgan de él. Si los líderes del grupo piloto no modelan el desarrollo del liderazgo, tampoco lo hará ninguno de los grupos que surjan.

Puedes encontrar personas para tu grupo piloto entre tus amigos, los miembros de tu familia, tus vecinos, una iglesia madre, o de las personas con quienes trabajas. Como mencioné antes, todo el proceso de reclutamiento tiene que estar bañado en oración. A través de tus oraciones, Dios te guiará a tener "citas divinas"— con personas con quienes Él, en Su soberanía, ha venido trabajando.

Lugares donde encontrar tu grupo base

En el Ecuador, tuvimos la bendición de llevar 150 personas de la iglesia madre y 10 grupos celulares, para comenzar una iglesia hija a unos ocho kilómetros de distancia. En Wellspring no tuvimos tal ventaja. Plantamos la iglesia con mi familia y otra persona más.

Entonces, ¿dónde encuentran los plantadores de iglesias sus grupos iniciales? Jeff French es un buen ejemplo de cómo reunir su grupo piloto de entre sus vecinos y amigos que conoció en el bar y en otros lugares. Antes de comenzar la célula piloto, Jeff se hizo voluntario de una variedad de actividades de la comunidad con la esperanza de hacer contactos. Las personas aprendieron a amarle y apreciarle. Él era su amigo. Pronto se formó un grupo de entre sus contactos.

A través de tus oraciones, Dios te guiará a tener "citas divinas"— con personas con quienes Él, en Su soberanía, ha venido trabajando.

Jeannette Buller promueve la idea de encontrar personas para el grupo piloto por medio de formar múltiples pre-células que son de corto plazo. Ella escribe:

> Sugiero comenzar con algunas "pre-células" de corto plazo que se enfocan en una necesidad particular o algún interés de su grupo. Estas podrían ser estudios bíblicos con una orientación evangelística, instrucción y ayuda en las finanzas o en la crianza de los hijos, o sencillamente un grupo de interés en un tema específico. A medida que se desarrolla la confianza, puedes hablar con ellos invitándoles a unirse a algo más permanente.[4]

Algunos han encontrado útil solicitar a la gente peticiones de oración. A veces Dios contesta las oraciones milagrosamente, lo que a su vez edifica la confianza en el plantador de iglesias y en el grupo mismo. Los que han sido tocados están dispuestos a unirse al grupo base.

Parece ideal que todos los miembros del grupo piloto procedieran de entre los no-creyentes. Sin embargo, también es bueno tener algunos miembros de base que ya conocen a Jesús y han captado la visión celular. Escribe Aubrey Malphurs:

> La visión de una nueva iglesia no es robar ovejas de otras iglesias (crecimiento por transferencia) sino ganar ovejas de la comunidad (crecimiento por conversión). Al inicio de la plantación, sin embargo, la nueva iglesia necesita un grupo de creyentes maduros como una parte importante de sus cimientos. Inicialmente esto puede involucrar algo de crecimiento por transferencia.[5]

En definitiva, es bueno tener una mezcla tanto de creyentes como de personas que no hayan tenido nada que ver con una iglesia. Escribe Peter Wagner:

> Estoy consciente de que algunos recomiendan que para comenzar una nueva iglesia...es mejor comenzar con un grupo de personas que no hayan tenido nada que ver con una iglesia, y desarrollarlos para formar una iglesia. Puedo entender de dónde viene este argumento. Dicen que si queremos odres nuevos para contener el vino nuevo, no necesitamos a quienes vienen arrastrando odres viejos que obstruyen el proceso. Esto ha dado resultado en algunas instancias. En mi opinión, sin embargo, la mayoría de los plantadores de iglesias harían bien en tener un núcleo de personas a su alrededor que traen algunas destrezas que no tienen los que no han vivido la experiencia de una iglesia.[6]

Una pareja que se unió a nuestro grupo piloto inicial en Wellspring se había mudado de Long Beach a Moreno Valley. La esposa había participado en una iglesia celular en las Islas Filipinas y estaba muy emocionada de involucrarse en lo que nosotros estábamos haciendo. Esta pareja sirvió como miembros fundadores de la iglesia durante los primeros dos años.[7]

Algunos plantadores de iglesias consiguen formar su núcleo de entre los cristianos no-tradicionales. Un plantador de una iglesia celular escribió: "Yo sé que suena un poquito raro, pero cuando comienzo nuevas iglesias celulares busco a la gente que ama vehementemente a Jesús, aunque se sientan desanimados con la iglesia".[8] Aquí en Moreno Valley tuvimos unas pocas personas que se sentían cansados de la iglesia tradicional y querían involucrase en los cimientos de algo nuevo y emocionante (nota: no estaban asistiendo a otra iglesia en aquel entonces).

Discerniendo el nivel de compromiso en el núcleo

No es prudente aceptar en el grupo piloto a personas que ya están comprometidas con otra iglesia evangélica. Vas a enfrentar problemas de conflictivo de autoridad y compromisos de tiempo. Como en la "otra iglesia" es donde adoran eso significa que ya tienen establecidas sus relaciones sociales, y no van a querer comprometerse de lleno con la nueva plantación de iglesia.

Los que tienen lealtades divididas van a tener dificultad en aceptar la visión global de tu iglesia.

Los que tienen lealtades divididas van a tener dificultad en aceptar la visión global de tu iglesia. Pensemos en la evangelización, por ejemplo. Si una persona no se ha comprometido con la plantación de la iglesia, lo más probable es que no tengan la voluntad de evangelizar y traer personas nuevas a la iglesia. Y aunque atrajeran a personas sin iglesia, como sus lealtades están divididas, darían señales mixtas de compromiso con la iglesia.

Cuando se trata de servir, ¿es posible contar con ellos hacia el logro de las metas globales? ¿Y qué del aporte financiero a la nueva obra? Si una persona no está comprometida con una

violent shake
(n) bruise,
black + blue mark

iglesia, eso se mostrará en las finanzas.

Más importante todavía, el ministerio de la iglesia celular consiste en hacer discípulos en comunidad. La comunidad se construye con sacudones y moretones. No puedes evitar tiempos de verdadera lucha cuando aceptas las fallas y los fracasos de otros. Como en el matrimonio, se requiere una entrega verdadera para estar allí durante los tiempos buenos y los tiempos malos. Eso es poder decir: "Somos una familia y no vamos a separarnos hasta que Dios nos transforme."

Si una persona está comprometida a medias, cuando las cosas se ponen difíciles, se irá a otra parte.

Mi recomendación es permitir que las personas prueben vuestra célula por un tiempo (un mes o dos). Entonces sencillamente se le pide a la persona que tome una decisión. Trata de hacerlo con la mayor suavidad posible, sabiendo que está perfectamente bien si la persona decide salir y ministrar en otra parte.

Muchos plantadores de iglesias celulares tienen la reunión del grupo piloto los domingos de noche. Es una buena idea porque las personas suelen pensar en el domingo como el "día de la iglesia". Reunirse el domingo por la noche envía el mensaje de que la célula piloto es la iglesia.

Nosotros también tuvimos los primeros eventos de entrenamiento los domingos por la mañana, en parte para enviar el mensaje de que éramos una iglesia desde el comienzo y esperábamos que las personas se comprometieran con la célula piloto como su iglesia.

En las etapas iniciales de la plantación de una iglesia celular, no habrá un culto dominical de adoración en todo su esplendor. No debe ser un problema si alguien desea asistir a un culto dominical en algún otro lugar para tener una experiencia más completa de alabanza y enseñanza. Pero sí me aseguro que la persona tiene su conexión primaria con nuestra iglesia, tanto con su tiempo como con sus finanzas.

Encontrad vuestros líderes claves

Jesús escogió a sus doce discípulos de entre la multitud y entonces seleccionó a tres para entrar en una relación más cercana con Él. Estos tres eran parte del círculo íntimo de Cristo.

En Wellspring sentimos la necesidad de hacer algo similar entre los del grupo piloto. Descubrimos que no todos los miembros del grupo piloto tenían el mismo compromiso. En algunos se notaba más que en otros. Había una pareja, por ejemplo, que no pudo decirnos nunca si estaba completamente comprometida a la plantación de nuestra iglesia. Asistía el servicio de celebración en una iglesia de una ciudad vecina y no estaba segura de su compromiso. Quería "ver lo que iba a pasar con nuestra iglesia" antes de comprometerse del todo.

Nos dimos cuenta que esta pareja no sería parte del equipo de liderazgo. Pero no la excluimos ya que había estado con nosotros desde el comienzo. Entonces hicimos una lista de requisitos para los que escogieran formar parte del equipo inicial de liderazgo.

Requisitos/Compromiso: máximo nivel de liderazgo en Wellspring

Compromiso para hacer de Wellspring su principal iglesia local:

- Compromiso con la visión de Wellspring.
- Compromiso de ver a Joel Comiskey como el pastor principal.
- Compromiso de ver a Wellspring como su iglesia. (9)

Compromiso de tiempo:

- Compromiso de estar en los eventos de entrenamiento planificados.
- Compromiso con Wellspring—así como una persona se compromete a estar cada día en su trabajo, debe comprometerse a estar en Wellspring.

Compromiso del diezmo:

- Estar de acuerdo en que el 10 por ciento o más de las entradas brutas se debe dar al Señor.
- Estar de acuerdo en dar la mayor parte de ese 10 por ciento a Wellspring.

Compromiso a eventualmente dirigir un grupo celular.

Compromiso de pureza y santidad.

Compromiso de mantener un tiempo devocional con regularidad y consistencia.

La pareja que mencioné no tenía la voluntad de hacer un compromiso más profundo y asistió al grupo celular inicial en vez de formar parte del liderazgo clave de base.

Da tiempo suficiente para formar el grupo piloto.

Escribe Ralph Neighbour: "Al responder a la pregunta de cómo la plantación de la iglesia celular aquí en Houston encontró su grupo base, para mí, ha sido m-u-y d-e-s-p-a-c-i-o!" [10] Mi experiencia es que un verdadero grupo piloto requiere tiempo para cuajar.

Algunos vendrán, participarán del grupo y decidirán que no cuadra bien con ellos. Algunos no querrán comprometer el tiempo que requiere unirse a una iglesia que está comenzando. Otros serán críticos de la falta de programas y actividades normales de una iglesia. Algunos no se sentirán cómodos con los que están presentes. Un plantador experimentado de iglesias escribió:

> He encontrado que en algunos casos el núcleo o grupo base llega a formarse más o menos pronto. Pero en la mayoría de los casos toma tiempo. En una ocasión, pasé todo un año con una sola familia. Cuando finalmente hubo el moverse de Dios fue algo impresionante ver lo que sucedió. Lo importante es mantenerse fieles orando y observando. Henry Blackaby dice que debemos observar para detectar donde está Dios obrando a fin de unirnos a Él. Yo lo digo de una forma un poquito diferente. Busco la huella de Dios y trato de entrar en ella. La parte difícil, sin embargo, me llega cuando no he visto Su huella por algún tiempo. La tentación es de tratar de hacer una huella por Él, ¡pero eso no es correcto!" [11]

Encontrar nuevas maneras de invitar a la gente es parte del proceso de hacer crecer una iglesia. Es fácil subestimar las luchas y la soledad. Lo innegable es que plantar una iglesia toma tiempo.

¿Qué hacer en el grupo piloto?

Dirige tu célula piloto como un grupo celular normal. Es importante dar ejemplo, al mero comienzo, de lo que quieres que hagan los futuros grupos. Los valores y la visión que estableces en la primera célula van a resonar en todos los grupos celulares futuros. Incluyo en el apéndice tres un orden sugerido para grupos normales de células, usando las 4 As, con una lección a seguir como muestra.

Entrena futuros líderes

El entrenamiento se añade al modelo de cómo llevar a cabo un grupo piloto. Se puede entrenar a los miembros del grupo piloto antes o después de la reunión del grupo celular o en un día diferente. En la etapa inicial de Wellspring, ocupábamos el domingo de mañana para el entrenamiento.

La mayoría de las iglesias celulares han desarrollado programas de entrenamiento y piden que toda la gente pase por ellos. He escrito acerca de los programas de entrenamiento en iglesias celulares en mi libro, Explosión de Lliderazgo.[12]

¿Qué tipo de materiales deben ser usados para el entrenamiento? Hay muchos materiales hoy en día. He desarrollado una serie de cinco libros que están de venta para equipar a las personas. Mira lo que otros han desarrollado para que te sirva como plantilla. En mi sitio Web, hay artículos de ayuda sobre cómo otras iglesias celulares diseñan sus materiales para equipar a sus líderes.

Cuarto paso: multiplicar el grupo piloto

Cuando hayas entrenado a futuros líderes y tienes entre 10 y 15 personas en tu grupo piloto, es hora de multiplicarse por lo menos en dos células. Determina quienes irán a cada grupo celular. Planifica la fecha de multiplicación con el grupo mismo.

Después de la multiplicación, tu nuevo rol como plantador de iglesias será el de dar mentoría a los nuevos líderes tanto como dirigir a uno de los grupos celulares.[13] Como mentor de los nuevos líderes visitarás a sus grupos y te reunirás con los líderes uno a uno.

Dirigir tu propio grupo mientras das mentoría a otros te va a recordar de la importancia de desarrollar relaciones con personas que no van a una iglesia—una necesidad absoluta para plantar eficazmente una iglesia basada en células.

Bob Reimer, plantador de iglesias en Nueva Inglaterra, EE.UU., da ejemplo del fervor evangelístico que quiere que otros sigan. Bob escribe: "Tengo pasión por alcanzar a personas perdidas, y lo predico y lo modelo. Si el pastor principal no lo predica, no lo lleva en la sangre y no lo modela, ¡la gente no va a escuchar lo que dice y hacer lo que hace! Él tiene que mostrar el camino con el ejemplo".[14] A Reimer le gusta que se multipliquen sus grupos sólo después de haber alcanzado al menos dos personas nuevas para Cristo. El rol del plantador de iglesias es crítico para mantener el enfoque evangelístico.

Consejos para multiplicar un grupo [15]
Prenatal (semanas #1,2 y 3)

- Tener un nuevo líder, un anfitrión y unos pocos miembros seleccionados quienes comenzarán el nuevo grupo.
- Hablar del próximo nacimiento del nuevo grupo y por qué es importante.
- Dividir el grupo para el tiempo de ministración. Que el nuevo equipo vaya a diferentes partes de la casa.
- Es importante que el nuevo equipo desarrolle relaciones sociales durante la semana (llamadas telefónicas, contactos sociales, etc.).

Nacimiento (semana #4)

- Reunirse como células separadas pero en la misma casa.

Postnatal (semanas #5-12)

- Reunirse como dos células separadas en dos lugares diferentes (semanas #5, 6 y 7).
- Reunirse juntos para un reencuentro. Esto no debe ser una reunión formal, sino un tiempo de compañerismo y disfrute los unos con los otros (semana #8 – un mes después del nacimiento).
- Reunirse como dos células separadas en dos lugares diferentes (semanas #9, 10 y 11).
- Reunirse juntos para un reencuentro. Generalmente a este punto los miembros de las células se gozan de estar juntos, pero han hecho la transición y su nueva célula es donde están verdaderamente conectados (semana #12—dos meses después del nacimiento)

Quinto paso: comenzar la celebración de adoración

Así como el nacimiento de un nuevo bebé comienza en la matriz y resulta en un niño completamente formado, la estrategia de la iglesia celular comienza detrás del escenario y crece a una demostración pública de lo que está pasando. Escribe Bill Beckham:

> Un método de comenzar a una iglesia celular es por la popular pero estropeada teoría de la "gran explosión" (big bang). En la teoría de la "gran explosión" una iglesia celular se desarrolla de un evento cataclísmico por el cual la iglesia aparece completa y plenamente formada. Esta teoría es lo opuesto al principio y al proceso que ocupó Jesús para edificar la primera iglesia. Líderes de iglesias, especialmente pastores de iglesias grandes, se sienten atraídos por la teoría de la "gran explosión" porque parece eliminar mucho del dolor y de la paciencia que se requiere en el proceso paso a paso. Promete dar una gratificación instantánea a la visión. Sin embargo, la teoría de la "gran explosión" representa una atracción fatal. Debilita el proceso de aprendizaje de líderes y compromete el proceso de desarrollo necesario para fortalecer la infraestructura.[16]

En la estrategia de la iglesia celular, la iglesia ha comenzado ya con la célula. La esencia de la celebración es conectar las células unas con otras. Los cultos de celebración hacen que cada persona en la iglesia se vea como parte del todo más grande.

Muchos plantadores de iglesias comienzan los cultos de celebración demasiado temprano y se quedan atascados al poner demasiada energía en el culto de celebración, perdiendo el enfoque en la célula y en las oportunidades. Bob Logan y Jeannette Buller escriben:

> La mayoría de las plantaciones de iglesias tradicionales comienzan con un bien anunciado culto público con todos los adornos posibles. Se necesita

mucho tiempo para preparar ese culto, incluyendo las varias formas de propaganda y, muchas veces, con líderes prestados. Ya que las celebraciones de las iglesias celulares quieren mantener su énfasis en alcanzar a las personas que no están en la iglesia y hacer que los grupos celulares sean parte de la transformación de las vidas, el culto de adoración generalmente no llega a ser el enfoque primario en las etapas iniciales de la plantación de una iglesia. [17]

La importancia de esperar

Lo admitimos, es muy difícil esperar para comenzar un culto de celebración porque la cultura de iglesia todavía espera una reunión dominical matutina. Personalmente comencé el culto de celebración demasiado temprano en mi primera plantación de iglesia en Long Beach, California en 1983. Todo iba bien al principio cuando la iglesia se reunía en mi casa. La iglesia en casa creció y prosperó. Llegó el tiempo de multiplicarnos añadiendo un grupo casero adicional, y mi plan original era comenzar varias células que se reunirían una vez por mes los domingos de noche.

Una pareja clave, sin embargo, resistió mi plan. Ellos querían reunirse cada semana en una reunión de celebración. En ese momento no había establecido todavía mi propia filosofía de ministerio. Me dejaba llevar por cada viento de teoría sobre el crecimiento de la iglesia. Para complacer a esta pareja, decidí tener una celebración semanal para todos los que querían estar involucrados. Comenzamos a reunirnos el domingo por la mañana. Esperaba mantener vivos los grupos en casas, pero pronto encontré que todo mi tiempo y atención se llevaba la celebración semanal—sólo tratando de lograr que la gente asistiera al culto. Fue una experiencia agotadora, y no la recomiendo.

Emprender un culto de celebración demasiado temprano es un problema común. Cuando unas pocas personas se reúnen en tales situaciones, se sienten como que están comiendo en un mal restaurante. La falta de asistencia parece indicar que la comida es mala. Dijo Jason Hoag, un plantador de iglesias en

Hemos comenzado una iglesia celular (o lo que pensábamos era una iglesia celular) en abril del 2000 en Orlando, Florida. El equipo de liderazgo y yo nos damos cuenta ahora, en nuestra ignorancia, que comenzamos con una reunión grande (ojala pudiera comenzar de nuevo). [18]

En un seminario que di a los Bautistas del Sur en Florida, descubrí que la mayoría de los plantadores de iglesias comenzaron sus iglesias con un culto de celebración. Cuando hablé de la necesidad de primero multiplicar el grupo piloto y hacer crecer la infraestructura de forma natural antes de comenzar una celebración dominical, la mayoría de ellos asintió con la cabeza. Ellos conocían de primera mano las dificultades de tratar de hacer un culto público con tan pocas personas. Lamentaron que su culto de celebración se parecía más a un grupo celular que a un verdadero culto dominical.

Escribe Keith Bates, un plantador de iglesias en Australia: "Pienso ahora que mejor hubiera sido seguir con las células y no tener una reunión más grande hasta más tarde. Eso hubiera demostrado que esta iglesia era radicalmente diferente". Como muchos plantadores de iglesias, Keith Bates probablemente pensó que una celebración semanal atraería a más personas, pero, en realidad, no lo hace. Muchas veces dificulta el crecimiento de la iglesia porque la gente no logra un verdadero sentido de celebración.

Resistid la tentación de comenzar cultos de celebración con regularidad antes de establecer la infraestructura de los grupos celulares. Si no, resultará en demasiado estrés para pocas personas.

Escribe, Dean Dequera, un ex plantador de iglesias en el área de San Francisco:

Aunque asumimos toda la responsabilidad del intento fallido, hubo muchos factores que contribuyeron al fracaso. Básicamente nos encontramos enfocados en una perspectiva "de multitud a núcleo" en vez "de núcleo a multitud". Estuvimos atascados tratando de "enseñar trucos nuevos a perros viejos". Toma tiempo desarrollar valores, y tenemos que resistir a la presión de producir una multitud de un día para otro a fin de sobrevivir económicamente.[19]

Dean, un buen amigo mío, se encontró ante la expectativa de tener que producir rápidamente una multitud sin el debido fundamento. Se enfrentó al dilema del plantador de iglesias— producir o perecer. El enfoque en la multitud instantánea creó una falsa dicotomía y puso demasiada presión sobre la iglesia.[20] Escribe Lyle Schaller:

> Si el que desarrolla la misión sucumbe ante la presión de comenzar cultos corporativos poco después de llegar, esto significa a menudo comenzar con un número reducido y desviar el tiempo y la energía del plantador de iglesias de la tarea de cultivar los que serán parte de su comunidad.[21]

Cuándo hacerse público

Grupos pequeños se supone que son pequeños. Cuartos grandes y con pocas personas, como que les falta vida, y un cierto sentido de vacío asalta a todos. Un estudio en Leadership Journal de hace pocos años encontró que el tamaño promedio para comenzar una iglesia era 43 personas.[22] Sin embargo, más y más se reconoce la necesidad de tener aún más personas para comenzar un culto semanal de celebración viable. Un boletín en el sitio Web de los Discípulos de Cristo anima a sus plantadores de iglesias a comenzar servicios semanales de adoración cuando hubiera unas 100 personas involucradas.

Estoy convencido que es mejor esperar hasta que hayan 100 personas en aproximadamente 10 grupos celulares antes de comprometerse con cultos semanales de celebración.[23] Muchas plantaciones de iglesias celulares llenan la necesidad de otra reunión con reuniones de oración y reuniones sociales.

Esperar a tener 100 personas antes de una celebración semanal asegura que las mismas personas no estén involucradas en los mismos ministerios semana tras semana. También es esencial no depender de unas pocas familias claves para tener suficientes personas para una verdadera celebración. Con 100 personas en los grupos celulares algunas familias se pueden perder la celebración, y la celebración sigue como fue planeada (con Iglesia para niños, equipo de alabanza, etc.).

Hace unos años, dos plantadores de iglesias comenzaron como pioneros del enfoque celular en la iglesia River Rock de Folsom, California. Trabajaron duro para construir células, desarrollar líderes, entrar en la vida de la comunidad y edificar la infraestructura de la iglesia. Todo eso requería una gran paciencia y persistencia. Siendo consecuentes con su visión demoraron la gran inauguración.

Cuando tuvieron su primer culto público, estaban listos. Había la infraestructura necesaria. Tenían ocho grupos celulares con líderes, aprendices y varios miembros experimentados, equipos de ministerios, un equipo de liderazgo, un sitio Web, y una visión clara de su iglesia.

Lo más importante era que los miembros estaban invitando a otros. La iglesia ha crecido rápidamente tanto en células como en celebraciones. Las personas que llegaron para su primer culto de celebración vieron algo vivo, emocionante, auténtico, y que valía la pena regresar. [24]

Pregunta clave: ¿son necesarias las celebraciones semanales?

Las células de una iglesia celular deben reunirse en un grupo más grande. No todas las iglesias celulares, sin embargo, se reúnen semanalmente en reuniones corporativas. Las iglesias celulares, en otras palabras, no necesitan reunirse semanalmente en adoración corporativa para llamarse una iglesia celular. Cultos semanales de celebración no serán la norma para todas las iglesias.

Yo no creo que la definición de iglesia celular requiera una reunión semanal de celebración. O mejor dicho, sí creo que las células necesitan reunirse en adoración corporativa para llamarse una iglesia celular. La frecuencia de la reunión es lo que estamos aquí cuestionando. El gran beneficio de una celebración semanal es que la iglesia celular puede alcanzar a más personas con más frecuencia a través del "ala" de la celebración. Todavía la célula tiene que manejar la iglesia. La gran prioridad es que las células se reúnan semanalmente. Aquellas células necesitan una red de apoyo que les dé cuidado pastoral, mentoría, entrenamiento y la oportunidad de reunirse juntos. Y estas son las cosas que definen a una iglesia celular—no si la reunión de celebración tiene lugar cada semana o no. Pregunté a Bill Beckham acerca de esto, y me escribió diciendo:

> Me parece que el grupo grande de celebración puede ser muy flexible en cuanto a frecuencia, lugar, número de personas involucradas y aún el formato de las reuniones. Ciertamente la celebración era flexible en el Nuevo Testamento. Por supuesto tenemos que contestar la pregunta acerca de las referencias que hace el Nuevo Testamento al "primer día de la semana". ¿Qué hacían "el primer día de la semana"? ¿Estaban reunidos cada "primer día" de la semana como grupo grande? O estaban reuniéndose semanalmente en la expresión de grupos pequeños y de vez en cuando en la expresión de un grupo grande. Me inclino a creer que era la segunda situación. Creo que tenemos que operar a partir del principio de celebración de un grupo grande y no del precedente histórico de una reunión grande. El Cuerpo de Cristo necesita experimentar a Dios en la expresión de un grupo grande tanto como de un grupo pequeño y en la expresión de iglesias en casas. Creo que la iglesia del siglo 21 está encontrando maneras innovadoras de vivir este principio.[25]

El movimiento de la iglesia celular necesita desarrollar nuevos modelos de funcionamiento de la iglesia en su expresión como grupo grande. Y tenemos que recordar que la manifestación de la iglesia como grupo grande no es solamente en el tiempo de la adoración. Además de la adoración pública, la expresión del grupo grande podría usarse para entrenar, mostrar una cara pública a la ciudad, el compañerismo, la coordinación y el evangelismo.

Escribe Lon Vining:

> La iglesia que ayudé a plantar en Boulder, Colorado, llamada Quest, ahora tiene cultos una vez al mes, y los otros tres domingos sus miembros pasan tiempo con sus grupos celulares y traen amigos no-creyentes. Hay suficiente tiempo libre programado para en realidad pasar tiempo los unos con los otros y con personas no-creyentes, haciendo amistades. Las estadísticas y la experiencia confirman que ese es en realidad el lugar para presentar a Cristo al no-creyente—a través de amistades profundas y comprometidas. Cuando reconocemos estos dos hechos, entonces hace sentido reunir todos los huevos en una sola canasta, la de edificar las relaciones. No tiene mucho sentido hacer lo que consume mucho tiempo y energía y no edifica nuestras células ni nuestras relaciones. [26]

Soy mentor de algunos plantadores de iglesias que no quieren tener celebraciones semanales. Y está bien. También algunos pastores no pueden manejar una estructura semanal de células y una celebración semanal.

Las células de una iglesia celular deben unirse en una reunión de grupo. No todas las iglesias celulares, sin embargo, se reúnen semanalmente en reuniones corporativas.

El enfoque debe permanecer en las células semanales, y la celebración debe desarrollarse a medida que las células se fortalecen. Estas células pueden celebrar juntas en reuniones semanales o mensuales. O quizás se reúnen más de una vez por semana, como es el caso de Elim. [27] Quizás se reúnan una vez cada tres meses.

Encontrar un lugar para el culto de celebración

La mayoría de los plantadores de iglesias recomiendan alquilar una propiedad para comenzar una iglesia.[28] Sugeriría que las iglesias ahorren dinero y alquilen un lugar. Reunirse en una local alquilado requiere desarrollar un "enfoque portátil" del ministerio. Hay varias opciones:

- Muchas iglesias ocupan los edificios de otras iglesias.
- Alquilar una escuela es una gran opción, porque son lugares neutrales. En mi primera plantación de iglesia, rentamos una escuela primaria por varios años. Hoy día rentar una escuela puede ser bastante costoso.
- Sitios pre-escolares son otras opciones.
- Centros comunitarios pueden ser buenos para las plantaciones de iglesias.
- Restaurantes y salones de reuniones pueden ser buenas opciones.
- El edificio de bomberos puede ser otra opción.
- Muchos escogen hoteles. Dice Wagner: "Siento que uno de los espacios sub-utilizados en muchas de nuestras comunidades son los salones de conferencias de los hoteles. Muchas veces están llenos durante la semana pero vacíos el fin de semana. A los encargados les gustaría tenerlos llenos los siete días de la semana. En muchos casos se puede negociar los precios con bastante éxito". [29] En mi actual plantación de iglesia, nos reunimos en el Hotel Best Western de Moreno Valley.

Sí, las personas se cansan de montar todo para que la iglesia tenga cada domingo su celebración. Entonces el pastor necesita diligentemente retomar la visión y delegar las responsabilidades a una mayor variedad de personas.

Sexto paso: edificar la infraestructura

Luego de haber multiplicado las células y haberlas unido para celebrar, es tiempo de trabajar en estructurar la mentoría, perfeccionar el enfoque de edificación y desarrollar otros componentes de la iglesia celular tales como el sistema de informes de las células.

Yo siempre animo al pastor a continuar dirigiendo una célula o formando parte del equipo de liderazgo de la célula. Estar involucrado personalmente le permite al pastor añadir libremente al sermón ejemplos de las células. Un pastor que está personalmente involucrado en una célula puede hablar de su experiencia personal en cuanto a las necesidades de la comunidad, de la evangelización realizada, del desarrollo del liderazgo y del uso de los dones del Espíritu.

La estructura de mentoría debe mantenerse fuerte en dos niveles. El primer nivel es el del pastor principal dando mentoría a su equipo. El segundo nivel es el de los líderes laicos voluntarios dando mentoría a los nuevos líderes quienes han multiplicado nuevas células.

Las reuniones de mentoría en grupo son más necesarias entre el pastor principal y su equipo. Si el pastor principal ha reunido a personal de paga, deben reunirse cada semana. Si el pastor principal ha reunido a personal voluntario, recomiendo una reunión de grupo cada dos semanas.

Durante la mentoría en grupo, el pastor principal ministra a sus líderes claves a través de la palabra y la oración. Entonces el grupo habla acerca del sistema de células, cuidadosamente analiza las estadísticas de las células, el entrenamiento, las fechas de multiplicación y las necesidades de oración. Como un "mariscal del timbal" (en el fútbol americano), el pastor principal dirige el sistema de células desde el centro neurálgico de su equipo de liderazgo.

Animo a los líderes voluntarios a continuar dirigiendo un grupo celular mientras estén dando mentoría hasta a tres líderes de célula. El mentor de células podría llamar por teléfono a cada líder bajo su cuidado una vez al mes y reunirse con cada persona una vez al mes.

En algunas culturas, las reuniones grupales entre el mentor voluntario y los líderes de células no son tan frecuentes. Demasiadas estructuras "ideales" fallan porque están basadas en lo que debe pasar en vez de en lo que está pasando. Así que, si el tiempo no permite que el mentor voluntario pueda tener una reunión con sus líderes de célula, debe dedicar algún tiempo uno-a-uno cada mes y hacer una llamada.

Algunas iglesias tendrán una reunión de grupo cada trimestre con la presencia de todos los líderes de células. Por lo general, el pastor principal los dirige esta vez.

Séptimo paso: plantar nuevas iglesias celulares

Las iglesias celulares valoran la reproducción de discípulos, líderes y grupos celulares. Algunos pastores de iglesias celulares creen en la multiplicación de células pero no de iglesias. Sin embargo, es inconsistente no llevar a cabo la multiplicación de iglesias también. La conclusión lógica es la reproducción de iglesias. Iglesias saludables tienen fruto y se multiplican. La iglesia primitiva multiplicó líderes, discípulos e iglesias a todo nivel

La meta es levantar un movimiento de multiplicación de iglesias. Dice Bob Logan: "De todos los modelos de iglesia, la iglesia celular obtiene la multiplicación más grande de iglesias". (30) Pero, ¿por qué algunas iglesias celulares fallan y no se multiplican en otras iglesias? A menudo, la visión inicial es demasiado pequeña. El plantador de iglesias sólo habla de cómo comenzar una iglesia, en vez de plantar múltiples iglesias.[30]

Cuando Jesús vio a los multitudes a su alrededor, dijo a sus discípulos: "¿No decís vosotros: 'Todavía faltan cuatro meses para la cosecha?' Yo os digo: ¡Abrid los ojos y mirad los campos sembrados! Ya la cosecha está madura" (Juan 4:35).

Muy a menudo vemos a las multitudes pero no pensamos acerca del hecho de que están perdidas. Jesús hizo más que analizar su condición. Les tuvo compasión porque "...estaban agobiadas y desamparadas, como ovejas sin pastor" (Mateo 9:36-38). *agobiar - to oppress; weigh down; overwhelm*

Pídele a Dios que quebrante tu corazón con lo que quebranta Su corazón. Entonces ora que el Señor de la mies levante a nuevos plantadores de iglesias. Lo más probable es que éstos vendrán de entre los líderes fructíferos de células. Lanza la visión de plantaciones de futuras iglesias y mantén la voluntad de enviar un grupo de tu iglesia para comenzar una nueva obra.

Al hacer planes para comenzar una iglesia celular, seguid los siete pasos dados arriba. Tendréis que hacer ajustes en el camino. Los hicimos en la plantación de nuestra iglesia celular y tendréis que hacerlo en la vuestra. Como dice Proverbios 19:21, "El corazón humano genera muchos proyectos, pero al final prevalecen los designios del Señor."

Capítulo Nueve

Plantando iglesias en casas

Hemos vivido en Moreno Valley suficiente tiempo como para ver la construcción de muchísimas casas. Al pasar por las nuevas urbanizaciones, he soñando muchas veces con el día cuando estas casas se ocupen para dos propósitos: para que la gente pueda vivir normalmente y para alcanzar con el Evangelio a un mundo perdido. Tradicionalmente, las personas salen de sus casas para ir a la iglesia y entonces regresan a sus casas para vivir. Anhelo el día cuando la iglesia esté en las casas, y la plantación de nuevas iglesias primordialmente involucre el uso de casas existentes. El movimiento de la iglesia primitiva fluyó de esa manera.

¿Es posible sencillamente reunirse en casas u otros lugares que puedan acomodar a un pequeño número de personas? Es exactamente lo que la estrategia de iglesias en casas propone. Y en el Nuevo Testamento hay una plenitud de ejemplos de iglesias funcionando en casas:

- La iglesia en la casa de María (Hechos 12:12).
- La iglesia en la casa de Priscila y Aquila (Romanos 16:3-5; ver también I Corintios 16:19).
- La iglesia en la casa de Ninfas (Colosenses 4:15).
- La iglesia en la casa de Arquipo (Filemón v. 2).

También hay ejemplos de Jesús y los primeros cristianos que entraban en las casas de las personas donde iban a sanar a los enfermos, evangelizar a los de corazón abierto, bautizar a familias enteras y discipular a nuevos creyentes.[1] Dice David Garrison:

> Iglesias en casas son iglesias autónomas que por casualidad son suficientemente pequeñas como para reunirse en casas. Después de llenar su espacio limitado crecen a través de la multiplicación, en vez de incrementar su membresía. Cada iglesia en casa tiene su propio liderazgo y deriva su autoridad directamente de Cristo, en vez de pasar por la jerarquía de una iglesia. Funciona en todas sus formas como iglesia.[2]

Vez tras vez Dios ha usado la iglesia en casa como modelo para traer de regreso a Su pueblo a una forma más sencilla y neotestamentaria de vida y misión de la Iglesia.

No sólo en países perseguidos

Repetidamente he dicho que la mejor aplicación de iglesias en casas se da en contextos de persecución y resistencia. La persecución obligó a la iglesia primitiva a reunirse en casas—no porque éstas fueran las circunstancias preferidas de la iglesia. Los autores de Home Cell Groups y House Churches tienen un punto válido:

> No se debe concluir que la única razón por la que la comunidad apostólica desarrolló iglesias en casas era por ser una minoría perseguida y, que por eso, no podía hacerse pública en su expresión institucional. De hecho, la iglesia primitiva tenía un testimonio muy público a pesar del hecho de ser perseguida.[4]

Todavía creo que el crecimiento más rápido del movimiento de iglesias en casas se da en áreas de acceso restringido como China, Asia y África del Norte. Asistí a una reunión de misiones y escuché a un representante de China hablar de iglesias en casas que saltan como chispas en un incendio. El representante habló de un líder chino que había plantado 30.000 iglesias—todas en casas. Este líder chino entrena a personas y dentro de tres semanas anticipa que se plantará otra iglesia.[5]

Esta manera de plantar iglesias no se da en todos los contextos. Pero no hay duda que el ministerio de iglesias en casas ha llegado a ser cada vez más popular y aceptado. Escribe Larry Kreider, co-autor de Starting a House Church:

> Dentro de los próximos 10 a 15 años, creo que estas nuevas redes de iglesias en casas van a salpicar el paisaje en América del Norte como lo han hecho ya en otras regiones del mundo. Lugares como la China, Asia Central, Latinoamérica, la India y Camboya han experimentado un crecimiento tremendo a través de iglesias en casas en donde se discipula y se capacita a cada miembro a que "sea la iglesia."[6]

Características de iglesias en casas

Mi hermano Andrés tiene una personalidad única. Para comenzar, tiene un sentido de humor dramático que hace que las personas que le oyen se doblen de la risa. No sé de donde lo sacó. De hecho, frecuentemente las personas me dicen, "Estás bromeando. ¿Andrés es tu hermano?" De todas formas, Andrés y yo tenemos muchas cosas en común. Tenemos los mismos gestos, los mismos intereses y los mismos puntos de vista sobre la vida. ¿Por qué? Porque compartimos el mismo ADN. Tom y Phyllis Comiskey nos dieron a luz y nos criaron bajo el mismo techo.

El movimiento de iglesias en casas tiene el mismo ADN. Sí, pero al mismo tiempo es muy diverso. Algunos autores enfatizan ciertos principios y otros no. Aún así, los rasgos comunes de las iglesias en casas superan sus diferencias. Una cosa es cierta: la plantación de iglesias en casas ofrece una expresión sencilla y reproducible de la iglesia de Cristo.

Una estructura sencilla

Dice Ed Stetzer: "Mi atracción por las iglesias en casas se debe a su sencillez y su fe. He formado parte del comienzo de iglesias grandes... Cada una necesitaba más y más dinero para funcionar. En mi corazón muchas veces siento que la plantación de iglesias debe ser algo más sencillo."[7]

La idea detrás de las iglesias en casas no es de que crezca una sola iglesia para que sea cada vez más grande, sino de mantener la iglesia íntima mientras se reproducen otras comunidades de intimidad en otras localidades.

Muchas prácticas del Nuevo Testamento no pueden funcionar eficazmente en grupos grandes e impersonales. Iglesias en casas forman comunidades de creyentes que llegan a conocerse en todos los aspectos de la vida. Comparten sus dones espirituales para edificar al cuerpo. El cristianismo auténtico tiene mayor chance de aparecer en la vida de individuos y familias porque la intimidad y el hecho de rendir cuentas son parte de la iglesia.

La meta de cada iglesia en casa es de reproducirse en otras nuevas iglesias. Dice Bob Fitts Sr.:

> Nuestra meta no es solamente comenzar una iglesia. Nuestra meta es comenzar un movimiento de plantar iglesias. Creemos que la mejor manera de hacerlo es enfocándonos en la forma más sencilla y más reproducible de plantar iglesias. La iglesia en casa llena esta necesidad.[8]

Una razón por la que las iglesias en casas son reproducibles es que carecen de una estructura jerárquica. El movimiento de iglesias en casas se enfoca en estrategias sencillas y reproducibles que entregan a cristianos comunes un trabajo no común. Celebran el evangelismo y la reproducción en forma natural y espontánea. Esta reproducción ocurre a cada nivel y en cada unidad de la vida de la iglesia. A medida que las personas son liberadas para el ministerio, se forman nuevas iglesias interdependientes.[9]

Escribe la profesora Nancy T. Ammerman, socióloga de religión en el Seminario Hartford:

> Este desarrollo (de iglesias en casas) muestra a las personas la esencia de la fe. La gente ya no está tan dispuesta a financiar edificios enormes, un gran personal, pólizas de seguros, campañas de publicidad y reparar el techo que tiene goteras. Todo eso parece sencillamente irrelevante.[10]

micro iglesia

Un concepto errado sobre el movimiento de iglesias en casas es que todas se reúnen en hogares. Larry Kreider, un proponente de "iglesias en casas", comenzó a ocupar la frase **micro iglesia** para dar realce al hecho de que no todas las iglesias en casas se reúnen en un hogar. Algunas se reúnen en cafeterías, galerías y otros lugares. Neil Cole, plantador de iglesias y autor de La Iglesia Orgánica, planta iglesias orgánicas en restaurantes, bares y otros lugares, además de casas. [11]

No hay necesidad de clérigos o "profesionales"

Para funcionar eficazmente, las iglesias en casas no requieren de profesionales ordenados o entrenados en un seminario. Las iglesias en casas apuntan al hecho de que la enseñanza del Nuevo Testamento no reconoce distinciones entre clérigos y laicos. Quienes tienen estudios de seminario teológico o de escuela bíblica pueden ser de gran ayuda a las iglesias en casas, sirviendo a veces como catalizadores para plantar las primeras iglesias en casas en un área geográfica o entre un grupo de personas. [12] Pero no siempre tienen que estar físicamente presentes para que las iglesias en casas sean legítimas o tengan una comprensión teológica.

Una razón por la que las iglesias en casas son reproducibles es que carecen de una estructura jerárquica. El movimiento de iglesias en casas se enfoca en estrategias sencillas y reproducibles que entregan a cristianos comunes un trabajo no común

---

Las iglesias en casas necesitan, eso sí, un liderazgo maduro y espiritual (1 Timoteo 3:1-12, Tito 1:5-9, 1 Pedro 5:1-4). El entrenamiento, sin embargo, se lleva a cabo primordialmente a través de un acercamiento informal que incluye conocimiento bíblico básico y ministerio práctico como los componentes principales.

La mayoría de los líderes de iglesias en casas son voluntarios. Normalmente los recursos económicos se utilizan para sostener a obreros itinerantes, a las misiones, o para llenar necesidades prácticas de miembros tales como los pobres, las viudas y los huérfanos.

En la mayoría de los casos, las iglesias en casas no recolectan una ofrenda.[13] Y en raros casos una iglesia en casa puede tomar la decisión de sostener a uno de los líderes. Escribe Bob Fitts Sr.:

> Una iglesia en casa podrá canalizar casi todas sus finanzas hacia el ministerio. Puede haber gastos menores, pero como la reunión se lleva a cabo en casas, se evitan todos los gastos de un edificio. De esta forma, sólo diez familias que den sus diezmos podrían sostener a un pastor a tiempo completo. Como un pastor podría supervisar más de una iglesia en casa, no necesita recibir todo su sostén de una sola congregación.[14]

No hay necesidad de edificios especiales

Iglesias en casas se reúnen en hogares u otros lugares que no cobran alquiler o renta. Se elimina así el mantenimiento y otros gastos indirectos relacionados con el edificio de una iglesia. Escribe Larry Kreider:

> El movimiento chino de iglesias en casas ha hecho un compromiso con el Señor de cómo existirá la iglesia en el futuro aun cuando estén libres del comunismo. Ya han tomado la decisión que no van a construir edificios. Quieren mantener intacto su modelo de entrenar y enviar, y no enfocarse en la construcción de edificios sino de personas.[15]

El movimiento de iglesias en casas—más que cualquier otra estrategia—está libre de edificios. No se gasta el dinero en edificios ni en mantenimiento.

Plenamente la iglesia

Las iglesias en casas son iglesias plenamente funcionales en sí mismas. Ofrecen la Cena del Señor, bautizan, casan, sepultan y ejercen la disciplina de la iglesia. Muchas iglesias en casas, sin embargo, forman redes con otras iglesias en casas para rendirse cuentas mutuamente, darse ánimo y cooperar.

Normalmente las iglesias en casas están dirigidas por voluntarios, y se juntan para reuniones participativas que incluyen la oración, la adoración, la palabra y la labor evangelizadora. Comer juntos y tener compañerismo también son elementos importantes.

Un orden sencillo de reunión

No hay un orden fijo para las reuniones de iglesias en casas. Un conocido líder de iglesias en casas sugiere ocupar, como una posibilidad, las cinco W´s (en inglés: Welcome, Worship, Word, Works, and Witness) que en castellano serían: Bienvenida, Adoración, Biblia, Acciones, Testimonio. (En el Apéndice Tres pongo de relieve cuatro A´s como un orden común sugerido para los grupos celulares). La mayoría de las iglesias en casas todavía mantienen un estilo abierto de participación, sin un orden específico en mente.

Aún cuando hay lugar para una enseñanza más directiva que da el líder o uno de los miembros, siempre debe haber suficiente tiempo para la discusión en grupo y una respuesta al mensaje. La meta es tener a todos los presentes ejerciendo sus dones espirituales. La mayoría estaría de acuerdo en tener ciertos elementos planificados con anticipación, pero con la libertad de seguir al Espíritu Santo cuando Él quiera cambiar los planes.

Es común celebrar la Cena del Señor como parte de una comida completa en iglesias en casas. Muchas veces se ofrece la Santa Cena al comienzo o al final de la reunión de una iglesia en casa, pero también puede llevarse a cabo en un día completamente diferente. Las iglesias en casas señalan a Hechos 2:46 en donde se menciona que los creyentes partían el pan de casa en casa. Se puede ver la celebración de la Cena del Señor como parte de una comida en 1 Corintios 11:20-26, donde Pablo habla de participar en una de las comidas del día.

Tamaños diferentes

En el pasado solía yo describir una iglesia en casa como una comunidad de 20 - 40 personas que se reúnen semanalmente en forma más o menos independiente de otras iglesias en casas.

Recientemente se ha puesto un nuevo énfasis en el movimiento de iglesias en casas. Una nueva versión de la iglesia en casa promueve iglesias en casas de tamaño más pequeño. Wolfgang Simson, por ejemplo, enseña que muchas iglesias en casas hoy en día tienen entre ocho y quince miembros, y típicamente se multiplican cada seis a nueve meses.

Rad Zdero escribió un libro llamado *El Movimiento Global de Iglesias en Casas*. Él mismo plantó una red de iglesias en casas en Canadá. Rad escribe:

> Las iglesias en casas no deben crecer demasiado sin antes decidir multiplicarse. Si no se multiplican, la pérdida de intimidad, apertura e interacción eventualmente hará que el grupo pierda su atractivo y cese de crecer. Alrededor del mundo hoy, el crecimiento explosivo por conversiones en el movimiento de plantar iglesias se caracteriza por la reproducción o multiplicación de iglesias en casas y grupos celulares de no más de 10 a 30 personas.[16]

Comenzando iglesias en casas

Me encontré con un misionero en Indonesia, plantador de iglesias en casas. Me dijo que plantar iglesias en casas le era extremadamente sencillo: "Lo principal es conocer amigos y vecinos. Luego se necesita reunirlos en tu casa para escuchar la palabra de Dios. A medida que hagas discípulos de los que asisten, ellos estarán preparados para comenzar sus propias iglesias en casas."

Plantar una iglesia en casa, o ser parte de un movimiento de iglesias en casas, tiene que ver con amar a las personas y atraerlas al Reino. Lo hermoso es la sencillez. Tiene todo que ver con alcanzar a los no-creyentes, reunirlos y continuar el proceso con otra iglesia en casa. Los vecinos escucharán los cantos y la adoración, y se van a preguntar qué está pasando. Una iglesia orgánica no depende de un edificio. Depende de personas.

Plantar una iglesia en casa, o ser parte de un movimiento de iglesias en casas, tiene que ver con amar a las personas y atraerlas al Reino.

El plantador de iglesias en casas busca encontrar personas que están divinamente preparadas por Dios para escuchar el mensaje y recibir el evangelio. El plantador reúne a personas de paz en un grupo pequeño. La meta es de satisfacer las necesidades espirituales de las personas y desarrollarles para ser los próximos plantadores de iglesias. Rad Zdero ha adoptado el lema: "Cada iglesia comienza una iglesia cada año".[17] Él cree que cada 6 - 18 meses una nueva iglesia en casa puede ser plantada. Este parece ser el caso de los movimientos de plantación de iglesias en lugares como China y la India. En mi comunicación personal con Zdero, él es cauto en señalar que este cronograma no se debe aplicar mecánicamente; más bien afirma que el Espíritu Santo tiene que guiar y abrir las puertas para que nuevos líderes emerjan y nuevas iglesias surjan en Su tiempo y a Su manera (Lucas 10:1-10; Hechos 10:1-48; 13:1-4).

Sólo un cierto número de personas pueden reunirse en una casa. Cuando la iglesia en casa crece al punto de que ya no cabe en una sala normal, un grupo es enviado para comenzar otra iglesia en otro hogar.

Quien es llamado a dirigir el próximo grupo debe ser un creyente que se reproduce: que puede evangelizar a personas perdidas, discipular a los que llegan a Jesús y dirigir el equipo base a la plantación de la próxima iglesia en casa.

Dick Scoggins en su libro, Plantando Redes de Iglesias en Casas, recomienda que cada plantador de iglesia en casa escriba una visión clara de cómo y cuándo plantar una nueva iglesia en casa. De su experiencia en plantar iglesias en casas nos alerta contra los peligros de koinonitis (el compañerismo que sólo se mira el ombligo). Cada plantador de iglesias en casas necesita tener una visión clara para la multiplicación.

Larry Kreider y Floyd McClung proponen cinco pasos sencillos para comenzar iglesias en casas: [18]

1. Orar
2. Encontrarse con personas
3. Hacer discípulos
4. Juntarse
5. Multiplicarse

Así de sencillo. No requiere un doctorado o años de colegio bíblico.

Una diferencia clave entre una iglesia en casa y una iglesia celular es el liderazgo. En muchas iglesias en casas, el pastor no tiene una mayor autoridad sino que trabaja en cooperación, a la par de otros pastores de iglesias en casas. En contraste, los que plantan una célula en la estrategia de iglesias celulares rinden cuentas al liderazgo de la iglesia local de la cual forman parte.

Formando redes de iglesias en casas

Muchos han criticado la "independencia" del movimiento de iglesias en casas—me incluyo a mí mismo. Ha sido refrescante escuchar a muchos autores hacer las mismas críticas. Muchos proponentes de iglesias en casas hoy en día promuevan la necesidad de formar redes con otras iglesias en casas.

Algunos sugieren reunir las iglesias en casas cada mes o cada tres meses para celebraciones de adoración y para retiros. Una red de iglesias en casas puede también incluir viajes misioneros con otras iglesias más grandes. Un número cada vez mayor de defensores de esta postura hacen la sugerencia que el equipar apóstoles, profetas, evangelistas, pastores y maestros no solamente es bíblico, sino absolutamente esencial para el surgimiento de redes de iglesias en casas y movimientos que impacten ciudades enteras con el evangelio (Hechos 2:42-47, 20:17-21; Efesios 4:11-13).[19]

Las redes pueden funcionar de diferentes maneras. Puedan ser muy informales, conectadas sólo por una reunión ocasional o por tiempos especiales para compartir ideas. O pueden ser redes formales de iglesias "hermanas" que funcionan con metas y proyectos comunes.

Algunos, como Wolfgang Simson, abogan por la idea de una iglesia-ciudad. De acuerdo con esta idea, iglesias en casas (aunque son autónomas) buscan compañerismo con otras iglesias en casas y/o iglesias tradicionales en la ciudad. Una iglesia particular en casa puede colaborar con La Primera Iglesia Cristiana o Las Asambleas de Dios Central para llevar a cabo un ministerio trans-congregacional. Algunos en el movimiento de iglesias en casas creen que el concepto de una iglesia de toda la ciudad es una de las expresiones más importantes de la iglesia local. Se basan en el hecho de que los escritores del Nuevo Testamento se refieren a una sola "iglesia" (griego = ekklesia) de esta o aquella ciudad (Romanos 16:1; 1 Coríntios 1:2, etc.). Bill Beckham ha analizado esta perspectiva en detalle (ver esta nota al final).[20]

No importa cómo se conectan en redes las iglesias en casas, un consenso creciente insiste en que las iglesias en casas deben evitar una mentalidad exclusivista y hacia adentro.[21] Escribe Rad Zdero:

> Es de suma importancia que las iglesias en casas formen redes que oran, hacen planes y juegan juntas. Si las iglesias en casas escogen quedarse aisladas, independientes y volcadas hacia adentro no serán más que una moda pasajera y no un movimiento que impacte profundamente su ciudad, región o nación con el evangelio de Cristo. ¡Tienen que unirse![22]

Iglesias celulares y redes de iglesias en casas son primas hermanas

Las redes de iglesias en casas y las iglesias celulares tienen mucho en común. Las dos encuentran su base ministerial en el Nuevo Testamento—no sólo de forma general sino también específica. Ambas hacen claras referencias a celebraciones celulares e iglesias en casas. Ambas anhelan la sencillez—menos programas, menos profesionalismo y más énfasis en desarrollar discípulos que hacen discípulos.

De hecho, creo que Jesús está llamando a Su iglesia de regreso a un énfasis neotestamentario. Redes de iglesias en casas e iglesias celulares están marcando el camino. Escribe Larry

Kreider, defensor tanto de iglesias celulares como de redes de iglesias en casas:

> DOVE Christian Fellowship Internacional, la red mundial de iglesias basadas en células que supervisamos yo y un equipo de líderes espirituales, está ampliando su territorio para incluir a redes de iglesias en casas. Nos damos cuenta que iglesias de la comunidad basadas en células, mega-iglesias basadas en células y redes de iglesias en casas, aunque diferentes, son primas hermanas.[23]

He hablado con Larry Kreider en varias ocasiones acerca de las diferencias entre iglesias celulares y redes de iglesias en casas. Durante una conversación reciente le pregunté acerca de las nuevas micro-iglesias que Dove está fundando. Me dio el ejemplo de una de las redes de iglesias en casas Dove donde él asiste. Cada una de las iglesias en casas de la red se reúne semanalmente; y la red de iglesias en casas se reúne aproximadamente una vez al mes para una celebración. Kreider piensa que las iglesias en casas más saludables se reúnen con regularidad (normalmente una vez por mes).

"Pero es exactamente lo que estamos haciendo en Wellspring, la iglesia que yo planté," le dije. Los grupos de vida se reúnen semanalmente y se juntan para una celebración una vez al mes. A la verdad, estamos buscando activamente un lugar para tener celebraciones semanales. Sin embargo, algunas iglesias celulares nunca optarían por reunirse semanalmente en una celebración. Entonces, ¿cuál es la diferencia principal?

Larry mencionó que una de las diferencias es la manera en que las iglesias en casas distribuyen la ofrenda. La red de iglesias en casas, a la cual él está dando mentoría, da un porcentaje del dinero a la red para que tanto las iglesias individuales en casas como la red determinen cómo gastar el dinero.

"No veo mucha diferencia en ello," le dije. "He observado iglesias celulares que guardan un fondo común de manera similar. Las células y las redes de células deciden cómo se va a gastar el dinero. Muchas veces las células individuales usan el dinero en la evangelización y en otros proyectos."

Tanto Larry como yo estamos de acuerdo en que las redes de iglesias en casas son más informales y dan más libertad a cada iglesia en casa. Todavía parece ser un asunto de grado. Las redes de iglesias celulares también pueden ser flexibles. También estamos de acuerdo en que si se ocupa la terminología *iglesia celular o red de iglesias en casas*, lo más importante es que se está cumpliendo la Gran Comisión.

Compartí con Larry mi preocupación de que los líderes de las iglesias en casas no estén recibiendo suficiente mentoría. Kreider admitió que la mentoría es esencial. Sintió que las redes de iglesias en casas necesitan ayuda para asegurar que cada líder de una iglesia en casa tenga la mentoría apropiada.

Le pregunté que hacía con los niños en su iglesia en casa. Me dijo que muchas veces los niños en la micro iglesia se reúnen con los adultos al comienzo, luego van a otro cuarto para su propio tiempo bíblico.

"Es exactamente lo que hacemos en muchos de nuestros grupos de vida," le dije.

Mi predisposición: iglesia celular o iglesias en casas conectadas

Mucho tienen en común la plantación sencilla de iglesias en casas y la plantación de iglesias celulares. Creo, sin embargo, que una iglesia celular o una red de iglesias en casas deben hacer hincapié en ciertas características.

Líderes de iglesias en casas necesitan mentoría

Creo que los líderes necesitan mentoría. Sí, el Espíritu Santo es el gran mentor, pero Él ocupa seres humanos para cumplir la tarea.

Líderes aislados, sea de iglesias en casas o líderes celulares, no son tan eficaces como los que tienen un mentor.

Michael Jordan necesitaba un entrenador. ¿Por qué Michael Jordan necesitaría en entrenador? Porque el entrenador podía ayudar a Jordan a maximizar su juego, a tomarse un descanso cuando le fuera necesario, a defenderse de jugadores súper fervientes, e conocer los detalles que pasó por alto en el juego. Los jugadores miran a la tarea inmediata, pero el entrenador o mentor puede ayudarles a ver el cuadro más amplio.

Los líderes de grupos pequeños que funcionan por su propia cuenta en aislamiento (sean líderes de célula o lideres de iglesias en casas) llegan a ser menos eficaces. Mi viaje por el mundo de las iglesias celulares me ha enseñado que la mentoría es un componente crucial.

En el esquema de las iglesias celulares (o en el paradigma de las iglesias en casas conectadas) el mentor juega un rol importante para asegurar que se lleve fruto. De hecho, cada líder tiene un mentor que se asegura que lleva fruto y que cumple con las metas que Dios le ha mostrado.

Otra razón importante para funcionar bajo mentoría es poder alcanzar una multiplicación rápida. Es más difícil desarrollar un líder independiente que uno que es parte de una red que atiende un mentor. Creo que sería difícil levantar un pastor independiente para un grupo de seis a doce personas. Es mucho más probable que una persona asuma la tarea si sabe que tendrá mentoría en forma regular. Dice Kreider:

> Las iglesias en casas y los grupos celulares proveen oportunidades ideales para que todos experimenten lo que es pertenecer a una familia espiritual y eventualmente lleguen a ser padres espirituales ellos mismos. El propósito de la multiplicación de las iglesias en casas y la multiplicación de células es dar la oportunidad para que nuevos padres tomen la responsabilidad de comenzar una nueva familia espiritual (iglesia en casas y grupos celulares).[24]

La necesidad de compartir el entrenamiento

Un líder de un pequeño grupo (líder de célula o líder de iglesia en casa) no debe tener la responsabilidad de decidir qué tipo de entrenamiento él o ella debe recibir. Las redes de iglesias celulares o iglesias en casas deben detallar el camino del entrenamiento a fin de mantener la calidad. En mi libro, La explosión del Liderazgo, comparto los principios que las iglesias celulares ocupan para entrenar a sus líderes y multiplicar los grupos. Una iglesia puede incrementar su eficacia al proveer un entrenamiento muy claro en vez de esperar que el líder independiente encuentre su propio camino. Por ejemplo, Xenos Christian Fellowship ha entrelazado sus iglesias en casas en una estructura organizada para asegurar la calidad del entrenamiento (ver el apéndice seis).

La fuerza de grupos que se reúnen para celebrar

Como mencioné antes, una red de iglesias en casas o células no tiene que reunirse semanalmente; sin embargo, debe reunirse de forma regular tanto para la enseñanza como para darse ánimo. En países de acceso restringido, no es posible tener un culto de celebración. En países libres, sin embargo, donde hay esta posibilidad, la iglesia debe tomar la oportunidad de reunirse para un culto de celebración.

El espíritu de independencia siempre es peligroso y debe evitarse como si fuera una plaga. Dice Bill Beckham, "Creo que el diseño del Nuevo Testamento para la iglesia se expresará de alguna forma a nivel local en grupos de vida tanto grandes como pequeños."[25] Pienso que se tiene que planificar las reuniones de grupos grandes para asegurarse que se lleven a cabo. Parece sencillamente idealista "esperar" que sucedan. ¿Por qué no planificar que las células/iglesias en casas se reúnan en forma regular? La celebración refresca a los líderes, provee ímpetu para alcanzar a otros y glorifica a Dios a medida que Su pueblo le adora en unidad.

Plantar iglesias que se reproducen requiere de sencillez, pero no hay que dejarlas solas. Los líderes necesitan mentoría, entrenamiento y la frescura de reunirse para adorar a Dios y seguir adelante. Y la meta no es de plantar una sola iglesia sino un movimiento de iglesias—un movimiento de plantación de iglesias. Escribe David Garrison:

Es importante entender el rol de las pequeñas iglesias en casas y de las iglesias celulares en la vida de un Movimiento de Plantación de Iglesias. Ahora es fácil entender por qué los misioneros que quieren comenzar un Movimiento de Plantar Iglesias sin iglesias en casas o iglesias celulares lo encuentran tan difícil.[26]

Dios está usando las iglesias celulares y las redes de iglesias en casas para reproducir movimientos de plantación de iglesias alrededor del mundo.

Plantando Iglesias en Casa

Efectúa tanto en países perseguidos como libres

Características:

Una estructura sencilla
No hay necesidad de clérigos o "profesionales"
No hay necesidad de edificios
Son de tamaños diferentes, pero deben preservar
  intimidad
  apertura
  interacción

Comenzando Iglesias en Casa

Depende de personas
El plantador necesita una visión clara para
  la multiplicación
Alcanzar a no-creyentes
Reunirlos
Continuar el proceso

Formando Redes de Iglesias en Casa

Adoración
misiones
proyectos
equipar apóstoles, profetas, etc.
Evitar una mentalidad exclusivista.
Líderes de iglesias en casa necesitan mentoría
Las redes deben compartir el entrenamiento
La fuerza de reunirse para celebrar
  provee ímpetu para alcanzar a otros
  glorifica a Dios.

Capítulo Diez

La reproducción sencilla

Con frecuencia sugiero que los líderes dirijan su grupo de tal forma que cualquiera podría decir: "Yo puedo hacer lo que hace Juan". O "Yo podría dirigirlo como Nancy". Visité un grupo en el que la líder recitó varias palabras en griego. Pensé para mí mismo: ¿Está tratando de impresionarme con sus conocimientos? Ella abundaba en leer citas de comentaristas de la Biblia, y terminó enseñando el 90 por ciento de la lección. Cuando alguien se atrevía a opinar, ella le daba poco tiempo. Rápidamente le cortaba, prefiriendo su propia voz de autoridad. Cuando me despedía del grupo, me di cuenta que pocas personas se ofrecerían como voluntarias para dirigir el próximo grupo. La líder se mostró como una autoridad bíblica. Faltó la sencillez y la posibilidad de reproducirse.

La reproducción sencilla caracteriza a la plantación de iglesias efectivas. Iglesias que plantan iglesias posean el ADN para plantar nuevas iglesias con una sencillez que se puede seguir. Escribió Charles Broca, un misionero plantador de iglesias:

> Si la iglesia va a reproducirse, el plantador tiene que ocupar una estrategia de plantar iglesias...al nivel de la comprensión de las personas. La sencillez tiene una hermosura que aprecian todos los que buscan a Dios. La estrategia debe estar dentro del alcance mental de cualquiera que quisiera plantar a una nueva iglesia.[1]

Sencillez

Dios ocupa a personas ordinarias para hacer trabajos extraordinarios. Jesús modeló este principio al escoger a personas comunes y corrientes de Su día para hacerlos seguidores Suyos. Ninguno de los discípulos de Cristo ocupaba una posición importante en la sinagoga, ni pertenecía al sacerdocio levítico. Más bien eran trabajadores comunes y corrientes que no tenían ningún entrenamiento profesional, ni grados académicos, ni recursos de riquezas heredadas. La mayoría se crió en la parte pobre del país. Eran impulsivos, temperamentales y fáciles de ofender. Jesús rompió las barreras que separaban los limpios de los sucios, los obedientes de los pecadores.

Llamó a pescadores, a un cobrador de impuestos y a un celote. Jesús vio un potencial escondido en ellos. Detectó un espíritu receptivo, honestidad y voluntad de aprender. Tenían hambre de Dios, una sinceridad para ver más allá de la hipocresía religiosa de su día, y buscaban a alguien que los guiara a la salvación.

De la misma forma, una plantación espontánea de iglesias se está dando en todo el mundo a medida que creyentes ordinarios se levantan para plantar iglesias. Así como la iglesia primitiva equipaba y enviaba a personas para ministrar, nosotros necesitamos también encomendar personas para servir. Escribe David Garrison:

> Cuando el discipulado y el desarrollo del liderazgo son parte del ADN de las primeras iglesias, ellas en forma natural transferirán ese ADN a las iglesias hijas. Pero también es verdad lo opuesto. Cuando se enseña a las primeras iglesias a trabajar por muchos años bajo un pastor misionero mientras se espera recibir su líder entrenado en un seminario...no se puede esperar que rápido se generen iglesias hijas que se reproduzcan. La reproducción rápida comienza con el ADN de la primera iglesia.[2]

Los estudios son importantes; una persona debe estudiar todo lo que le sea posible. Sin embargo, me he fijado que los emocionantes movimientos de plantar iglesias que se están llevando a cabo alrededor del mundo no dependen del entrenamiento que da un seminario para producir nuevos plantadores de iglesias. Esos movimientos buscan a los líderes que ya llevan fruto dentro de la iglesia, quienes tienen la voluntad de pastorear a las nuevas iglesias. Muchas iglesias tienen su propio programa de entrenamiento bíblico o una manera clara de preparar futuros plantadores de iglesias. Algunas de estas iglesias han alcanzado el punto de producir una expansión espontánea—un movimiento que tiene vida propia.

Roland Allen escribió en 1927 La expansión espontánea de la iglesia y las causas que la dificultan. El libro de Allen es tan relevante hoy como cuando fue escrito hace ochenta años. Él dice:

> Al hablar de la expansión espontánea me refiero a algo que no podemos controlar. Y si no podemos controlarlo, debemos -pienso yo- regocijarnos que no podemos controlarlo. Porque si no lo podemos controlar es porque es demasiado grande, no demasiado pequeño, para nosotros. Las cosas grandes de Dios están más allá de nuestro control. Allí radica nuestra inmensa esperanza.[3]

Dios está llevando a Su iglesia al lugar de la multiplicación espontánea, como un río que fluye y hace su propio cauce. *(m) river bed* Cuando la plantación de iglesias es sencilla y reproducible, muchos van a involucrarse y la expansión ocurrirá.

Los humanos no podemos categorizar fácilmente los movimientos de multiplicación de Dios porque son espontáneos y hasta "desordenados". (Un profesor de Historia de los Movimientos Cristianos me dijo: "Un avivamiento siempre es desordenado"). Aunque la obra de Dios fluye en su propio cauce, podemos participar en ella. Y Dios quiere que nos metamos en el caudal y permitamos que Él nos use. Uno de los principios básicos en los movimientos de Dios que crecen alrededor del mundo es la reproducción. *river current*

Reproducción

Dios ama la reproducción; está en el núcleo de Su creación. El deseo de Dios se ve en el primer capítulo de Génesis.

Dios bendijo a la humanidad y dijo: "Sed fructíferos y multiplicaos; llenad la tierra y sometedla; dominad a los peces del mar y a las aves del cielo, y a todos los reptiles que se arrastran por el suelo" (Génesis 1:28).

Stuart Murray cita el capítulo uno de Génesis que señala el deseo original e inmutable del Espíritu de que nos multipliquemos, de que engendremos para ser fructíferos. Escribe Murray: "Ser padres de nuevas congregaciones...es el instinto natural de los que han nacido de nuevo por el Espíritu, de los que Él ha reunido en familias locales de cristianos"[4]

De manera similar, Dios bendijo a Abraham a la edad de noventa y nueve años diciéndole: "Así confirmaré mi pacto contigo, y multiplicaré tu descendencia en gran manera" (Génesis 17:2). Jesús, en Juan 15:8, nos manda lo mismo, a ser fructíferos: "Mi Padre es glorificado si dais mucho fruto, mostrando así que sois mis discípulos". Al final de Su ministerio, Jesús dijo a Sus discípulos: "Se me ha dado toda autoridad en el cielo y en la tierra. Por tanto, id y haced discípulos de todas las naciones, bautizándolos en el nombre del Padre y del Hijo y del Espíritu Santo" (Mateo 28:18-19). La única manera viable de recoger la cosecha es a través de plantar nuevas iglesias.

Nuestra tendencia natural y humana nos dirige hacia la norma. Nos gustaría que el calor y la comunión de la plantación de una iglesia continúen para siempre. No puede ser. Al refrescar a otros, nos refrescamos. Los miembros de la iglesia van a crecer más fuertes al guiar a otros. Algunos incluso plantarán nuevas iglesias.

La reproducción es el tema básico de la plantación de iglesias. Iglesias efectivas diseñan su visión y entrenamiento para cumplir con el objetivo de plantar nuevas iglesias. El código genético de la plantación de iglesias se inculca a la iglesia desde el momento en que comienza.

Robert J. Vajko hizo su estudio doctoral sobre el por qué iglesias se reproducen. Descubrió que un factor clave es tener desde el comienzo la visión de plantar nuevas iglesias. (5) Plantar nuevas iglesias es tan central que merece el primer lugar en el enfoque de la iglesia. La meta primaria es plantar una nueva iglesia.

Dios está de tu lado

Las buenas noticias son que Dios está de lado de los plantadores de iglesias. Él quiere que prosperen y lleven fruto—más de lo que aún ellos mismos creen que quieren. Nuestro trabajo consiste en mantenernos firmes por suficiente tiempo para que Dios pueda actuar. En su libro, From Good to Great, Jim Collins compara compañías que han superado las expectativas a través de un período prologado de tiempo con compañías que alcanzan algunas de las expectativas pero no se destacan. Una de las razones claves del crecimiento de las compañías exitosas es lo que Collins llama "la rueda de la inercia". Dice él:

> Al edificar la grandeza, no hay una sola acción definitiva, ni un gran programa, ni una sola innovación grandiosa, ni una ola de suerte, ni un momento milagroso. Más bien, el proceso se asemeja a empujar persistentemente una gigantesca rueda de inercia en una sola dirección, vuelta tras vuelta, incrementando el impulso hasta llegar al punto de moverse por su propio impulso y continuar más allá".[6]

Las grandes compañías siguen dando vueltas a la rueda de la inercia—aún en tiempos difíciles—y eventualmente, con el impulso impartido, la rueda de la inercia comienza a dar vueltas por sí sola.

Las decepciones y las pruebas son parte de la descripción de trabajo del plantador de iglesias. Una razón por la que fallan muchas plantaciones de iglesias es porque el plantador de iglesias se rinde demasiado pronto. No sigue dando vueltas a la "rueda de la inercia" hasta atravesar el punto del peligro de volverse atrás. Tim, un plantador de iglesias en Texas al cual estoy dando mentoría, ha estado haciendo todo bien desde que comenzó la iglesia hace tres años, pero todavía no ha visto los resultados que él desea. Le dije a Tim que siguiera dando vueltas a la rueda de la inercia. "Persevera. Dios te va a dar la victoria, y habrá una cosecha de personas en Su tiempo. Recuerda que Él tiene más interés que tú en salvar a los perdidos y hacerlos discípulos."

Las palabras de Pablo en Romanos pueden aplicarse directamente a los plantadores de iglesias: "¿Qué diremos frente a esto? Si Dios está de nuestra parte, ¿quién puede estar en contra nuestra? El que no escatimó ni a su propio Hijo, sino que lo entregó por todos nosotros, ¿cómo no habrá de darnos generosamente, junto con él, todas las cosas?" (Romanos 8:31-32).

Recursos de Joel Comiskey

Los libros previos en español de Joel Comiskey cubren los siguientes temas:

- Dirigiendo un grupo celular (Cómo dirigir un grupo celular con éxito, 2001)
- Cómo multiplicar el grupo celular (La explosión de los grupos celulares en los hogares, 1998)
- Cómo prepararse espiritualmente para el ministerio celular (Una cita con el Rey, 2002)
- Cómo organizar en forma práctica su sistema de células (Recoged la cosecha, 2004)
- Cómo entrenar futuros líderes de células (La explosión de la iglesia celular, 2004)
- Cómo dar mentoría/cuidar de líderes celulares (Cómo ser un excelente asesor de grupos celulares, 2003; Grupos de doce, 2000; De doce a tres, 2002)
- Principios de la segunda iglesia más grande del mundo (Elim, 2004).
- Cómo funciona una iglesia celular en Norteamérica (La Iglesia que se multiplica, 2007)

Se puede conseguir todos los libros listados de "Joel Comiskey Group" llamando al
1-888-511 9995
por hacer un pedido por Internet en
www.joelcomiskeygroup.com
info@joelcomiskeygroup.com

Como dirigir un grupo celular con éxito: para que las personas quieran regresar

¿Anhela la gente regresar a vuestras reuniones de grupo cada semana? ¿Os divertís y experimentáis gozo durante vuestras reuniones? ¿Participan todos en la discusión y el ministerio? Tú puedes dirigir una buena reunión de célula, una que transforma vidas y es dinámica. La mayoría no se da cuenta que puede crear un ambiente lleno del Señor porque no sabe cómo. Aquí se comparte el secreto. Esta guía te mostrará cómo:

- Prepararte espiritualmente para escuchar a Dios durante la reunión
- Estructurar la reunión para que fluya
- Animar a las personas en el grupo a participar y compartir abiertamente sus vidas
- Compartir tu vida con otros del grupo
- Crear preguntas estimulantes
- Escuchar eficazmente para descubrir lo que pasa en la vida de otros
- Animar y edificar a los demás miembros del grupo
- Abrir el grupo para recibir a los no-cristianos
- Tomar en cuenta los detalles que crean un ambiente acogedor.

Al poner en práctica estas ideas, probabas a través del tiempo, vuestras reuniones de grupo llegarán a ser lo más importante de la semana para los miembros. Van a regresar a casa queriendo más y van a regresar cada semana trayendo a personas nuevas con ellos. 140 páginas.

La explosión de los grupos celulares en los hogares; Cómo su grupo pequeño puede crecer y multiplicarse

Este libro cristaliza las conclusiones del autor en unas 18 áreas de investigación, basadas en un cuestionario meticuloso que dio a líderes de iglesias celulares en ocho países alrededor del mundo—lugares que él personalmente visitó para la investigación. Las notas detalladas al fin del libro ofrecen al estudiante del crecimiento de la iglesia celular una rica mina a seguir explorando. Lo atractivo de este libro es que no sólo resume los resultados de su encuesta en una forma muy convincente sino que sigue analizando, en capítulos separados, muchos de los resultados de una manera práctica. Se espera que un líder de célula en una iglesia, una persona haciendo sus prácticas o un miembro de célula, al completar la lectura de este libro fácil de leer, ponga sus prioridades/valores muy claros y listos para seguirlos. Si eres pastor o líder de un grupo pequeño, ¡deberías devorar este libro! Te animará y te dará pasos prácticos y sencillos para guiar un grupo pequeño en su vida y crecimiento dinámicos. 175 páginas.

Una cita con el Rey; Ideas para arrancar tu vida devocional

Con agendas llenas y largas listas de cosas por hacer, muchas veces la gente pone en espera la meta más importante de la vida: construir una relación íntima con Dios. Muchas veces los creyentes quieren seguir esta meta pero no saben como hacerlo. Se sienten frustrados o culpables cuando sus esfuerzos para tener un tiempo devocional personal parecen vacíos y sin fruto. Con un estilo amable y una manera de escribir que da ánimo, Joel Comiskey guía a los lectores sobre cómo tener una cita diaria con el Rey y convertirlo en un tiempo emocionante que tienes ganas de cumplir. Primero, con instrucciones paso-a-paso de cómo pasar tiempo con Dios e ideas prácticas para experimentarlo con más plenitud, este libro contesta la pregunta, "¿Dónde debo comenzar?". Segundo, destaca los beneficios de pasar tiempo con Dios, incluyendo el gozo, la victoria sobre el pecado y la dirección espiritual. El libro ayudará a los cristianos a hacer la conexión con los recursos de Dios en forma diaria para que, aún en medio de muchos quehaceres, puedan caminar con él en intimidad y abundancia. 175 páginas.

Recoged la cosecha; Como el sistema de grupos pequeños puede hacer crecer su iglesia

¿Habéis tratado de tener grupos pequeños y habéis encontrado una barrera? ¿Os habéis preguntado por qué vuestros grupos no producen el fruto prometido? ¿Estáis tratando de hacer que vuestros grupos pequeños sean más efectivos? El Dr. Joel Comiskey, pastor y especialista de iglesias celulares, estudió las iglesias celulares más exitosas del mundo para determinar por qué crecen. La clave: han adoptado principios específicos. En cambio, iglesias que no adoptan estos principios tienen problemas con sus grupos y por eso no crecen. Iglesias celulares tienen éxito no porque tengan grupos pequeños sino porque los apoyan. En este libro descubriréis cómo trabajan estos sistemas. 246 páginas.

La explosión de la iglesia celular; Cómo estructurar la iglesia en células eficaces

Este libro se encuentra sólo en español y contiene la investigación de Joel Comiskey de ocho de las iglesias celulares más grandes del mundo, cinco de las cuales están en Latinoamérica. Detalla cómo hacer la transición de una iglesia tradicional a la estructura de una iglesia celular y muchas otras perspicacias, incluyendo cómo mantener la historia de una iglesia celular, cómo organizar vuestra iglesia para que sea una iglesia de oración, los principios más importantes de la iglesia celular, y cómo levantar un ejército de líderes celulares. 236 páginas.

Explosión de liderazgo; Multiplicando líderes de células para recoger la cosecha

Algunos han dicho que grupos celulares son semilleros de líderes. Sin embargo, a veces, aún los mejores grupos celulares tienen escasez de líderes. Esta escasez impide el crecimiento y no se recoge mucho de la cosecha. Joel Comiskey ha descubierto por qué algunas iglesias son mejores que otras en levantar nuevos líderes celulares. Estas iglesias hacen más que orar y esperar nuevos líderes. Tienen una estrategia intencional, un plan para equipar rápidamente a cuantos nuevos líderes les sea posible. En este libro descubriréis los principios basados de estos modelos para que podáis aplicarlos. 202 páginas.

Cómo ser un excelente asesor de grupos celulares; Perspicacia práctica para apoyar y dar mentoría a lideres de grupos celulares

La investigación ha comprobado que el factor que más contribuye al éxito de una célula es la calidad de mentoría que se provee a los líderes de grupos celulares. Muchos sirven como entrenadores, pero no entienden plenamente qué deben hacer en este trabajo. Joel Comiskey ha identificado siete hábitos de los grandes mentores de grupos celulares. Éstos incluyen: Animando al líder del grupo celular, Cuidando de los aspectos múltiples de la vida del líder, Desarrollando el líder de célula en varios aspectos del liderazgo, Discerniendo estrategias con el líder celular para crear un plan, Desafiando el líder celular a crecer.

En la sección uno, se traza las perspicacias prácticas de cómo desarrollar estos siete hábitos. La sección dos detalla cómo pulir las destrezas del mentor con instrucciones para diagnosticar los problemas de un grupo celular. Este libro te preparará para ser un buen mentor de grupos celulares, uno que asesora, apoya y guía a líderes de grupos celulares hacia un gran ministerio. 139 páginas.

Grupos de doce; Una manera nueva de movilizar a los líderes y multiplicar los grupos en tu iglesia

Este libro aclara la confusión del modelo de Grupos de 12. Joel estudió a profundidad la iglesia Misión Carismática Internacional de Bogotá, Colombia y otras iglesias G12 para extraer los principios sencillos que G12 tiene para ofrecer a vuestras iglesias. Este libro también contrasta el modelo G12 con el clásico 5x5 y muestra lo que podéis hacer con este nuevo modelo de ministerio. A través de la investigación en el terreno, el estudio de casos internacionales y la experiencia práctica, Joel Comiskey traza los principios del G12 que vuestra iglesia puede ocupar hoy.

Bill Hornsby, el director de la Association of Related Churches, dice: "Joel Comiskey comparte perspicacias como un líder que ha entrenado numerosos líderes. Desde cómo reconocer líderes potenciales, pasando por el entrenamiento de esos líderes, hasta los principios del liderazgo probados a través del tiempo—este libro lo tiene todo. Las comparaciones acertadas de varios modelos de entrenamiento lo hace un gran recurso para los que anhelan más líderes. ¡Un gran libro!" 182 páginas.

De doce a tres Cómo aplicar los principios G12 a tu iglesia

El concepto de Grupos de 12 comenzó en Bogotá, Colombia, pero ahora se ha extendido por todo el mundo. Joel Comiskey ha pasado años investigando la estructura G12 y los principios que la sostienen.

De su experiencia como pastor, entrenador y consultor ha descubierto que hay dos maneras de abrazar al concepto G12: adoptando el modelo entero o aplicando los principios que apoyan el modelo.

Este libro se enfoca en la aplicación de los principios en vez de la adopción del modelo entero. Traza los principios y provee una aplicación modificada que Joel llama G12.3. Esta propuesta presenta un modelo que se puede adaptar a diferentes contextos de la iglesia.

La sección final ilustra como implementar el G12.3 en diferentes tipos de iglesias, incluyendo plantaciones de iglesias, iglesias pequeñas, iglesias grandes e iglesias que ya tienen células. 178 paginas.

Elim; Cómo los grupos celulares de Elim penetraron una ciudad entera para Jesús.

Este libro describe como la Iglesia Elim en San Salvador creció de un grupo pequeño a 116.000 personas en 10.000 grupos celulares. Comiskey toma los principios de Elim y los aplica a iglesias en Norteamérica y en todo el mundo.

Dice Ralph Neighbour: "Creo que ise recordará este libro como uno de los más importantes que jamás se haya escrito acerca del movimientote de iglesias celulares! Experimenté la pasión cuando visité a Elim hace muchos años. El reporte que Comiskey hace de Elim no es un modelo para copiarlo en cada detalle. Es un viaje para entender la verdadera teología y la metodología de la iglesia del Nuevo Testamento. Descubrirás cómo la iglesia Elim aviva la llama de su pasión por Jesús y Su Palabra, cómo organiza sus células para penetrar una ciudad y el mundo para Jesús, y cómo persistir hasta que Dios traiga el fruto". 158 páginas.

Opciones adicionales

glesias que se plantan vienen en muchas formas. Dice el sitio Web de la Iglesia Evangélica Libre:

> Algunos especialistas alegan que hay como 30 métodos de plantar iglesias. Estos métodos van desde lo que hace una iglesia madre cuando "envía" un grupo significativo de sus miembros para plantar una iglesia hija, hasta el método que usa un plantador de iglesias que llega al pueblo y comienza a tocar puertas. El método exacto dependerá de muchos factores, y se debe escoger sólo después de una consideración cuidadosa de los dones del plantador, su teología, su filosofía del ministerio y más. El plantador debe buscar mucho consejo sabio y apoyo en oración.[1]

La lista de Elmer Towns: seis maneras de plantar una iglesia

1. Plantación madre-hija
2. Misión de escuela dominical
3. Grupo de estudio bíblico que siente una carga creciente para organizarse como una iglesia
4. Asociación local que planta una iglesia
5. La división de una iglesia
6. Plantación pionera de una iglesia[2]

Pedro Wagner nota doce maneras de plantar una iglesia

Modality models (de iglesias estructuradas)

1. "Procrear" una iglesia hija
2. Colonización (se procrea una iglesia hija en otra área

3. Paternidad accidental (una división, de una forma u otra)
4. El modelo satélite (no una autonomía completa para la nueva congregación)
5. Iglesias multi-congregacionales (varias iglesias étnicas ocupan el mismo edificio)
6. Modelo de múltiples salones (varias iglesias se reúnen en el mismo edificio pero en diferentes partes del predio)

Modelos sólidos (de estructuras misioneras)

1. El equipo misionero
2. El plantador de iglesias catalítico
3. El pastor fundador
4. El plantador independiente de iglesias
5. El plantador apostólico de iglesias (3)

¿Quién inicia la plantación de la iglesia?

La inicia la congregación

La historia nos indica que muchas congregaciones que comienzan nuevas iglesias experimentan su propia revitalización y las dos congregaciones cosechan los beneficios de tales intentos. Es importante notar que la nueva congregación necesita el poder de tomar sus propias decisiones lo más temprano en el proceso de desarrollo.

La inicia un individuo

Cuando un individuo concibe la visión del comienzo de una nueva iglesia, tal persona puede trabajar con su distrito denominacional y el equipo ministerial para nuevas iglesias a fin de ser asesorado en la viabilidad y el llamado del plantador de esta obra. Si todos los participantes están de acuerdo, el individuo recopila recursos y trabaja hacia la ejecución de su visión. En los primeros tres años del movimiento de nuevas iglesias, la mayoría de nuestras nuevas congregaciones han comenzado mediante este modelo. Aquila y Priscila plantaron su propia iglesia (1 Coríntios 16:19, Romanos 16:3-5).

La inicia un distrito denominacional o región

En algunos casos, una región identifica un buen lugar potencial para plantar una iglesia y hace el trabajo inicial para desarrollar un plan de ministerio y reunir a un grupo base para el proyecto de la nueva iglesia. La región también busca un plantador de iglesias y facilita las etapas tempranas del desarrollo de la nueva congregación. En pocas ocasiones, el Equipo de Ministerio de la nueva iglesia toma este rol, pero generalmente se trabaja en coordinación con el distrito denominacional o Región que la auspicia.

Afiliaciones

Hay congregaciones ya formadas que no están afiliadas a ninguna denominación y que buscan estar en relación con un movimiento particular o una denominación. En algunos casos, estas congregaciones han existido por mucho tiempo. Sin embargo, la mayoría de estas comunidades se han formado recientemente. Muchas congregaciones étnicas encajan en este modelo ya que las iglesias organizadas en su país de origen no existen en los EE.UU. o Canadá.

Divisiones

Ocasionalmente, una iglesia existente decide dividirse o un grupo decide salir de la iglesia. En tales casos, el distrito denominacional o Región siempre debe estar involucrado si una nueva iglesia emerge.

Un orden para la primera célula

Para comenzar un pequeño grupo piloto, sea éste una célula o una iglesia orgánica, recomiendo seguir las "cuatro As" como un derrotero. Aunque no creo que haya una sola fórmula, los siguientes pasos descritos abajo, funcionan bien. El esquema de las cuatro As ofrece una participación máxima de los miembros del grupo y es fácil de seguir.

(n) course, direction

Las cuatro As

Cada una de las cuatro As tiene un propósito específico. El rompe hielo (Acoger a la gente: bienvenida) ayuda a la gente a experimentar la dinámica del grupo. La oración y los cantos (Adorar a Dios) fija la atención en el Dios viviente. El tiempo de Biblia (Aceptar la Palabra) aplica la Palabra de Dios al diario vivir. Finalmente, se anima a los miembros a compartir las buenas nuevas con otros (Anunciar a Jesucristo: testimonio).

Acoger a la gente: bienvenida (15 minutos)

La bienvenida normalmente incluye algún tipo de rompe hielo. "¿Qué te gusta hacer en las vacaciones?" "¿Cuál es tu pasatiempo favorito?" La idea es conectar a cada persona del grupo con los demás. El tiempo de acoger a la gente dura unos 15 minutos.

Adorar a Dios (20 minutos)

El tiempo de adoración se centra en Dios, quién es Él y qué ha hecho. La célula existe para dar gloria a Dios, y el tiempo de alabanza inicia ese proceso. Sea que tengas un instrumento musical o no, la meta es darle gloria a Dios por medio de la adoración. Se puede adorar por medio del canto, la oración, la lectura de un Salmo o la meditación en silencio. Se puede proveer una hoja de canciones para la reunión (por lo general 4-5 canciones en una página). No os preocupéis si no hay nadie para tocar la guitarra o el piano. Siempre podéis ocupar un CD de alabanza o alabar sin acompañamiento. Entre las canciones, quien dirige la adoración debe permitir que los miembros del grupo ofrezcan una frase de alabanza, una oración o una confesión en silencio.

Aceptar la Palabra (40 minutos)

El tiempo de la Palabra permite que Dios hable directamente a Su pueblo a través de las Escrituras. Algunos grandes líderes atraen a otros para compartir sus pensamientos y aplicar la Palabra de Dios. Normalmente las lecciones de la célula tienen de tres a siete preguntas basadas en la Palabra de Dios.

Los mejores líderes de células son facilitadores—no profesores de Biblia o predicadores. Los líderes de célula no deben hablar demasiado porque la meta no es información, sino transformación. Los buenos líderes dirigen al grupo en conversaciones más allá de la política mundial, las críticas a la iglesia o las opiniones de diferentes autores. Otra vez, la meta es aplicar la Palabra de Dios al diario vivir. La gente debe salir cambiada por el mensaje eterno de Dios.

Para comenzar, pide que alguien lea los versículos bíblicos en voz alta. Sin embargo, pide solamente a las personas que sabes que tienen la confianza de leer en público. Algunos prefieren tener de antemano los versículos impresos en una hoja de papel en una traducción fácil de entender para que todos puedan seguir la lectura.

Entonces la persona asignada da una breve explicación del pasaje de la Biblia. Se asegura de no predicar; sin embargo, algunos miembros del grupo no van a saber cómo contestar las preguntas si no alcanzan a entender el pasaje. El líder debe tomar unos diez minutos para explicar los puntos principales del pasaje bíblico. El líder no tiene que ser un experto bíblico para hacerlo.

Muchas iglesias basan las lecciones de la célula en la predicación del domingo. De esta forma, los líderes de células pueden tomar notas mientras el pastor predica el mensaje, sabiendo que se va a tratar el mismo tema durante la reunión de célula la siguiente semana. Si la lección de célula no está conectada al sermón, el líder se preparará por leer los versículos bíblicos antes de la reunión de célula.

Anunciar a Jesucristo: testimonio (15 minutos)

El tiempo para ser testigos ocupa la última sección del grupo celular. Se enfoca en alcanzar a otros para Cristo. Se puede planear una actividad evangelística, algún tipo de ministerio práctico de acción social o sencillamente orar en el grupo por amigos y familiares que necesitan a Jesús.

Para darte una mejor idea de cómo puede ser la lección de célula, abajo encontrarás una muestra de una lección de célula que he ocupado en varias ocasiones. Esta muestra te dará una idea de las cuatro partes de la célula y cómo llegan a fluir esas partes.

Mi propio grupo de vida

Quiero daros un ejemplo de la célula que se reúne en mi casa cada domingo de noche. Comenzamos con el rompe hielo (acoger a la gente: bienvenida). "Si alguien te hiciera una pregunta que garantice que te hace hablar, ¿cuál sería la pregunta?" El propósito es, en sentido figurado, romper el hielo—para facilitar la comunión los unos con los otros. Siempre damos la bienvenida a personas nuevas y a no-cristianos.

Entonces buscamos al Señor a través de un tiempo de cantar y orar (adoración). Cada persona recibe una hoja de cantos. A veces yo escojo las canciones, a veces otros las escogen. Somos flexibles. Lo que importa es que entremos en la presencia de Jesucristo.

Luego entramos a la lección de la célula (aceptar la Palabra). La lección de la célula tiene vida y mucha participación.

Mi rol es de facilitador—no de maestro de Biblia. Siento que he tenido éxito cuando cada miembro ha aplicado el pasaje bíblico a su propia vida. Durante la lección, Dios, por medio del Espíritu Santo, aplica Su Palabra a las necesidades específicas de los que están presentes. Después de la lección, oro por peticiones específicas que se han expresado. Oramos los unos por los otros. Muchas veces ponemos las manos sobre alguien que tiene dolor.

Finalmente comparto la visión de alcanzar a otros (anunciar: testimonio). Quizá diga: "¿A quién vas a invitar la próxima semana?" o "Recordemos en oración a Pedro, que va a dirigir la próxima célula hija".

Nuestra reunión de célula (no más de una hora y media) termina con un tiempo de refrigerio. Algunos se quedan por otra hora, otros salen. Algunos de los mejores tiempos de ministración ocurren después del grupo celular en el fulgor de la presencia de Dios. *(m) radiance, brilliance*

Las células son flexibles pero consistentes. No hay dos células exactamente iguales, pero cada célula mantiene los mismos componentes: buscar a Dios (adoración, oración y lección), desarrollar las relaciones los unos con los otros (rompe hielo, ministerio los unos con los otros, tiempo de refrigerio) y alcanzar a no cristianos (evangelización por medio de la amistad, actividades especiales de la célula y multiplicación).

Muestra de una reunión de célula

Acoger a la gente (bienvenida): preguntas de rompe hielo

- ¿Dónde viviste entre las edades de siete a doce años?
- ¿Cuántos hermanos tienes?
- ¿Quién era la persona que sentiste más cercana de ti?
- ¿Cuál es tu deporte favorito?

Adorar a Dios

- Leer al unísono y en voz alta el Salmo 8.
- Cantar "Sublime gracia".
- Leer el Salmo 29; dejar que cada persona lea un versículo.

- Pedir un período de silencio de un minuto; animar a los miembros a considerar las maneras en las que Dios les ha dado consuelo en situaciones pasadas.

Aceptar la Palabra

- Leer 2 Corintios 1:1-3.
- Preguntar: "Compártenos una ocasión cuando estuviste en crisis y Dios te dio consuelo".
- Después de un tiempo de compartir, entonces pregunta: "¿Puedes recordar alguna vez cuando Dios te usó para dar consuelo a otra persona?"
- Finalmente pregunta: "¿Quién en nuestro grupo necesita el consuelo de Dios en este momento?"
- Edificaos unos a otros a medida que Dios abre el camino para consolaros mutuamente.

Anunciar a Jesús (testimonio)

- Compartir nombres y circunstancias de no-creyentes que están pasando por tiempos difíciles.
- Conversar cómo la célula, nosotros, podemos dar testimonio a los no-creyentes por ser agentes de Dios al darles consuelo en tiempo de aflicción.

Principios de iglesias celulares

A continuación hay una lista de los principios comunes que he observado en las ocho iglesias celulares más grandes del mundo. Si te gustaría tener información más a fondo, puedes leer mi libro Recoged la cosecha, capítulo 3, "Principios para edificar un fuerte sistema de células". En mi opinión, los primeros cuatro principios son los más importantes.

1. Dependencia de Jesucristo a través de la oración.
2. El pastor principal y el equipo de líderes dan un fuerte liderazgo visionario al ministerio de células.
3. Se promueve el ministerio celular como la espina dorsal de la iglesia.
4. Una definición clara del grupo celular (cada semana, fuera del edificio de la iglesia, evangelístico, cuidado pastoral y discipulado, meta clara de multiplicación).
5. La pasión detrás del ministerio celular es la evangelización y el crecimiento de la iglesia.
6. La reproducción (multiplicación) es la meta mayor de cada grupo celular.
7. Se espera que todos asistan a la célula y a los cultos de celebración.
8. Requisitos de liderazgo claramente diseñados para los que entran en el ministerio celular.
9. Entrenamiento en liderazgo de células es requerido a todos los líderes potenciales de grupos celulares.
10. El liderazgo de la célula se desarrolla desde dentro de la iglesia misma, a todo nivel.
11. Una estructura de supervisión y cuidado para cada nivel del liderazgo (G-12 o 5x5).
12. Se administra a través de los grupos celulares un sistema de seguimiento de visitas y nuevos convertidos.

13 Las lecciones de célula se basan en la enseñanza del pastor con el fin de promover una continuidad entre la célula y la celebración (aunque se necesita flexibilidad para llenar las necesidades de grupos homogéneos específicos).

Bill Beckham y la celebración

Bill Beckham halló varios niveles de evidencias a favor del ala de la iglesia que se reúne como grupo grande.[1]

Evidencias en las Escrituras

*   Hechos 1 Toda la iglesia espera, en un mismo espíritu, recibir la promesa de Dios.
*   Hechos 2 Toda la iglesia involucrada en evangelismo y testimonio
*   Hechos 3 Toda la iglesia predica después de una sanidad
*   Hechos 5 Toda la iglesia en gran temor a causa de Ananías y Safira
*   Hechos 7 Toda la iglesia ministrando a las necesidades de la iglesia
*   Hechos 7 Toda la iglesia resolviendo un problema
*   Hechos 7 Toda la iglesia escogiendo a los Siete diáconos
*   Hechos 11 Pedro explica a iglesia la conversión de los gentiles
*   Hechos 11 Bernabé y Saulo enseñan a la iglesia en Antioquia
*   Hechos 12 Toda la iglesia en oración por Pedro en la cárcel
*   Hechos 13 Toda la iglesia en Antioquía selecciona a Bernabé y Saulo
*   Hechos 14 Toda la iglesia de Antioquía escucha el primer informe misionero

Evidencias extraídas de la naturaleza de las reuniones en la época del Nuevo Testamento

En Pentecostés la Iglesia se expresó en varias reuniones de diferentes tipos y tamaños sin contar con edificios especiales.

Se reunían (posiblemente todo dentro del curso de un día) en el Aposento Alto como la expresión de una "congregación" local, en el patio del Templo como una expresión pública "universal" y en las casas de cristianos como la expresión de pequeños grupos. Pablo habló en reuniones de diferentes tipos y tamaños sin el beneficio de un edificio especial de iglesia. Sin embargo, la ausencia de edificios para las iglesias no dificultó la expansión temprana de la Iglesia porque la iglesia se reunía tanto en grandes grupos informales como en pequeños grupos. Otro factor práctico que arroja luz sobre cómo era la iglesia primitiva y sus lugares de reunión.

No se ocupaban bancas o sillas en los primeros siglos. Entonces, podían reunirse grupos mucho más grandes en cuartos más pequeños. De modo que había 120 en el aposento alto de una casa en Jerusalén el día de Pentecostés.

Evidencias extraídas de la persecución

La mayoría de las "Iglesias en casas" en áreas de persecución como China encuentran una manera de funcionar tanto en grupos grandes como en grupos pequeños. En tiempos de persecución la iglesia levanta lo más alto que puede la expresión pública del grupo grande, hasta que el gobierno lo prohíbe. De modo que la iglesia opera en la expresión de grupo grande hasta el punto de persecución a la espera de que el gobierno relaje o incremente la presión.

Evidencias extraídas del liderazgo del Nuevo Testamento

El liderazgo en el Nuevo Testamento opera más allá del nivel estricto de grupo pequeño o iglesia en casa. En el sistema de Pablo, los roles de líder como Anciano o Diácono funcionan más allá del nivel de una sola célula o "iglesia en casa". La combinación de Obispos, Ancianos y Diáconos implica que la iglesia operaba en la configuración de un cuerpo local más grande. Un acercamiento balanceado de las dos alas (grupos grandes y grupos pequeños) da a los diferentes tipos de líderes en el Nuevo Testamento una forma de trabajar neotestamentaria.

La ausencia de un grupo grande

Periódicamente las iglesias en casas se han expresado en la historia de la iglesia por dos razones. Primero, cuando los poderes políticos desde fuera han prohibido la expresión en grupos grandes, la iglesia se ha visto forzada a su expresión en grupos pequeños. La iglesia en China hoy es un ejemplo de aquello. Dos, de vez en cuando algunos elementos radicales o de renovación de la iglesia han reaccionado en contra de los abusos o las debilidades de las iglesias grandes y han reconfigurado la iglesia en grupos pequeños.

Notas Finales

Introducción
1. Citado por Bob Fitts Sr., Saturation Church Planting: Multiplying Congregations through House Churches, autopublicado, 1993, p.12.

Capítulo 1: Vida en el desierto
1. La explosión de la población norteamericana sobrepasa grandemente el crecimiento de la iglesia. Olson muestra como la asistencia de todas las iglesias de EE.UU. se proyecta crecer de 50 millones en 1990 a 60 millones en 2050. Sin embargo, se proyecta que la población crecerá de 248 millones en 1990 a 522 millones durante el mismo período.
2. Stuart Murray, Church Planting: Laying Foundations (Waterloo, Ontario: Herald Press, 2001), pp. 63-63.
3. Larry Kreider, House Church Networks (Ephrata, PA: House to House, 2001), p. 24.
4. Bob Roberts, Jr., The Multiplying Church: The New Math for Starting New Churches (Grand Rapids, MI: Zondervan, 2008), p. 65.
5. Para más sobre el tema, leer pp. 46-48 de Natural Church Development (Carol Stream, IL: ChurchSmart Resources, 1996).
6. Correspondencia personal con Jamey Miller, pastor y fundador de Christ Fellowship, un movimiento de plantación de iglesias---www.ChristFellowship.org.
7. Citado en James Allen, "Why Plant a New Church?" Artículo obtenido el lunes 3 de enero de 2005 en http://www.plantingministries.org/whyplant.htm.

Capítulo 2: ¿Qué es una iglesia sencilla?
1. Wolfgang Simson, Houses that Change the World; The Return of House Churches (Cumbria, UK: OM Publishing, 1998), p. xxi.
2. Westminster Confession of Faith, en http;//www.pcanet.org/general/cofchapxxi-xxv.htm#chapxxv.

de junio, 2000 que se encuentra en http://www.sbc.net/bfm. Las escrituras que se incluyen son: Mateo 16:15-19; 18:15-20; Hechos 2:41-42,47; 5:11-14; 6:3-6; 13:1-3; 14:23,27; 15:1-30; 16:5; 20:28; Romanos 1:7; I Corintios 1:2; 3:16; 5:4-5; 7:17;9:13-14; Efesios 1:22-23; 2:19-22; 3:8-11,21; 5:22-32; Filipenses1:1; Colosenses 1:18; I Timoteo 2:9-14; 3:1-15; 4:14; Hebreos 11:39-40; I Pedro 5:1-4; Apocalipsis 2-3; 21:2-3.

4. Richard R. DeRidder y Leonard J. Hofman, Manual of Christian Reformed Church Government (Grand Rapids, MI: Board of Publications of the Christian Reformed Church, 1994), p. 101.
   Ibid.

5. Charles Brock, Indigenous Church Planting: A Practical Journey (Neosho, MO: Church Growth International, 1994) capítulo 2 y capítulo 4 citados en Ed Stetzer, Planting New Churches in a Post-Modern Age (Nashville, TN: Broadman and Holman Publishers, 2003), p. 171.

6. Citado en Bob Fitts Sr., Saturation Church Planting: Multiplying Congregations through House Churches, autopublicado 1993, p.8.

7. John Dawson, Taking Your Cities for God (Lake Mary, FL: Creation House, 1989).

8. Email destinado a cellchurchtalk, el 9 de febrero de 2005.

9. La palabra "hombre" no se encuentra en el texto griego. La versión Easy to Reed (ERV) de este pasaje dice: Obedeced a vuestros líderes. Tened la voluntad de hacer lo que dicen. Son responsables por vuestro bienestar espiritual y por eso siempre están mirando para protegeros. Obedecedlos para que su trabajo les dé gozo, no tristeza. No ayudará si lo hacéis difícil para ellos.

10. Yo creo que la iglesia de Cristo debe reunirse en una forma regular. Lo digo en oposición a la idea de que la iglesia local pueda ser sencillamente una reunión de creyentes "de vez en cuando" en Starbucks o en un concierto de Chris Tomlin. George Barna en Revolution (Wheaton, Illinois: Tyndale House Publishers, 2005), pp. 144, dice que un micro-modelo substituto podría ser una conferencia de adoración, dar mentoría a comunidades, grupos de Internet, ministerios para-eclesiásticos,.." (66). Él dice, "Estamos por ver a

creyentes escoger de entre una proliferación de opciones, tejiendo juntos un tapiz que constituya la ´iglesia´ personal del individuo" (66). Él cree que la nueva "iglesia local" de los revolucionarios puede estar en el ciberespacio, en reuniones con su propia familia, o yendo a conciertos de Chris Tomlin.

11. Efesios 5, Romanos 14, y muchos otros lugares indican que cualquier iglesia bíblica tiene que estar bajo el Señorío de Cristo.

Capítulo 3: Las primeras iglesias sencillas

1. "Pioneer Cell Church Planting, Parte 4," (C&MA noticiero de redes celulares, noviembre 1999). Respuestas de Tim Westergren, Gordon Munro, y Raymond Ebbett. Todas las citas de Tim Westergren en esta sección son de la misma fuente.

2. Correo electrónico personal de Tim el martes 27 de noviembre de 2007.

3. David W. Sheik y Ervin R. Stutzman, Creating Communities of the Kingdom: New Testament Models of Church Planting (Scottdale, PA: Herald Press, 1988), pp. 94-95.

4. John Mallison, Growing Christians in Small Groups (London: Scripture Union, 1989), p.5

5. Roland Allen, Missionary Methods: St. Paul's or Ours? (Grand Rapids, MI: Eerdmans Publishing Co., 1962), p.3. Roland Allen (1868-1947) nació en Inglaterra. Era el hijo de un sacerdote anglicano pero quedó huérfano a una edad temprana de su vida. Estudió para el ministerio en Oxford y llegó a ser ordenado sacerdote en 1893. Allen pasó dos períodos en el norte de China trabajando para The Society for the Propagation of the Gospel. Su primer período, de 1895 a 1900, terminó a causa de la Rebelión de los Boxes, durante la cual Allen forzosamente tuvo que huir al legado británico en Beijing. Era capellán de la comunidad durante mucho tiempo del sitio. Después de un período en Inglaterra, regresó al norte de China en 1902, pero se vio forzado a regresar a casa por enfermedad. Estas "experiencias tempranas" le guiaron a evaluar radicalmente su propia vocación, la teología y los métodos misioneros de las iglesias de Occidente. Allen llegó a abogar por el establecimiento de iglesias que desde el comienzo sean auto-

sostenidas, auto-propagadas y auto-gobernadas, adoptadas a condiciones locales, y no meramente imitaciones del cristianismo Occidental. Se confirmaron estas opiniones en un viaje a la India en 1910 y más tarde por investigaciones en Canadá y África Oriental. Es con este trasfondo que Allen escribió su libro, Missionary Methods, que se publicó por primera vez en 1912. La propuesta de Allen a la estrategia misionera para iglesias indígenas se basó en el estudio de los métodos de San Pablo, porque él estaba convencido que allí se podía encontrar la solución de la mayoría de las dificultades de aquel tiempo. Creía que el reconocimiento de la iglesia como una entidad local y la confianza en el Espíritu Santo, que mora en los convertidos y en las iglesias, era la marca del éxito de San Pablo. El contraste, la gente de su tiempo no podía confiar sus convertidos al Espíritu Santo. Las opiniones de Allen llegaron a tener cada vez más influencia, aunque Allen mismo llegó a desilusionarse de las iglesias establecidas. Pasó los últimos años de su vida en Kenya, fundando una iglesia a su propia manera, apartada, centrada en un "rito familiar" idiosincrásico.

6. Correo electrónico personal recibido de un plantador de iglesias el martes 8 de abril de 2008.

7. Bob Roberts, Jr., The Multiplying Church: The New Math for Starting New Churches (Grand Rapids, MI: Zondervan, 2008), p.87.

8. Correo electrónico recibido el 15 de abril de 2006 en Cellchurchtalk, un lugar de chateo. La persona que lo escribió es Keith Bates, quien está plantando una iglesia en Narrabri NSW, Australia.

9. Pastor Phil Crosson, plantador del una iglesia celular en Albano, Oregon, escribió en cellchurchtalk el miércoles 13 de septiembre de 2000.

10. Ralph Moore, Starting a New Church (Ventura, CA: Regal Books, 2002), p. 37.

11. Me gusta la versión Easy to Read (ERV) aquí. "Lo que has oído enseñar públicamente debéis vosotros enseñar a otros. Compartid estas enseñanzas con personas en quienes podéis confiar. Ellos podrán enseñar las mismas cosas a otros".

12. Roland Allen, Missionary Methods: St. Paul´s or Ours? (Grand Rapids, MI: Eerdmans Publishing Co., 1962), p. 93.

13. Brother Yun con Paul Hattaway, The Heavenly Man (Mill Hill, London: Monarch Books, 2004), p. 223.

Capítulo 4: ¿Tienes lo que se requiere?

1. He escrito dos libros sobre los dones del Espíritu: The Spirit Filled Small Group (Grand Rapids, MI: Chosen Books, 2005) y Discover (Moreno Vallen, CA: CCS Publishing, 2007). En ambos libros argumento a favor de lo que llamo "la opinión combinada" de los dones del Espíritu. Creo que Dios permanentemente ha otorgado por lo menos un don a cada creyente (opinión constitucional), pero que muchas veces él da dones de acuerdo de la necesidad del momento (opinión situacional). Así que la "opinión combinada" incluye ambos.

2. Aubrey Malphurs, Planting Growing Churches (Grand Rapids, MI: Baker Books, 1988), p.108.

3. Estos plantadores particulares de iglesias formaron parte de la denominación Christian Church. Audrey Malphurs, Planting Growing Churches (Grand Rapids, MI: Baker Books, 1998), p.103.

4. Esta cita viene de un correo electrónico que mandó Jim Egli a su profesor de investigación estadística de Regent University en la primavera de 1997.

5. Correo electrónico a cellchurchtalk, un sito de chateo del Internet, el sábado 24 de noviembre de 2001.

6. Es costo para evaluar un plantador de iglesias puede variar de 250 € a 800 €. El precio incluye una entrevista con un evaluador que dura de cuatro a siete horas. Muchas veces la evaluación se conecta con el entrenamiento de un fin de semana. La mayoría insisten en una entrevista cara a cara, pero algunos evaluadores tienen la voluntad de hacer la evaluación por teléfono. Un evaluador me dijo: "El costo de evaluar a un plantador de iglesias es de aproximadamente 300 € (asumiendo que los evaluadores están en el área y no se requiere viajar grandes distancias). Esto incluye dos evaluadores (uno no-negociable en este sistema) y una entrevista de cerca de cuatro a siete horas con el seguimiento de un informe escrito. La duración de la entrevista depende grandemente de la experiencia de los evaluadores y la profundidad de la experiencia que el potencial plantador de iglesias trae a la mesa". Otro asesor me dijo: "Prefiero hacerlo en tándem, en equipo de a dos. Eso da dos voces, dos perspectivas, dos experiencias y dos aportaciones cuando las porciones

prácticas del entrenamiento toman lugar". Abajo están unos nombres recomendados que proveen evaluación a fondo:
- Dr. Charles Ridley
  Indiana University, Bloomington, IN
  812-856-8340
- Dr. Peggy Mayfield
  Lawrenceville, GA
  770-995-1846
- Dr. Tom Graham
  LaHabra, CA
  562-697-6144
7. Ed Stetzer. Planting New Churches in a Post-modern Age (Nashville, TN: Broadman and Holman Publishers, 2003), p.79
8. Aubrey Malphurs, Planting Growing Churches (Grand Rapids, MI: Baker Books, 1998), p.91.

Capítulo 5: El sistema de raíces 101

1. Norman Dowe escribió estas palabras en cellchurchtalk el 19 de marzo de 2001.
2. Peter Wagner, Church Planting for a Greater Harvest (Ventura, CA: Regal Books, 1990), p. 44.
3. El primer libro, Live, comienza el entrenamiento por cubrir doctrinas cristianas claves, incluyendo el bautismo y la Cena del Señor. El segundo libro, Encounter, guía al creyente a recibir la libertad del cautiverio del pecado. Se puede usar el libro Encounter en lecciones uno a uno o en grupos. Grow, el tercer libro, da instrucción paso-a-paso de cómo tener un tiempo devocional diario para que el creyente pueda alimentarse al pasar tiempo con Dios cada día. El cuarto libro, Share, instruye al creyente de cómo comunicar el mensaje del evangelio en forma atractiva y personal. Este libro también tiene dos capítulos concernientes al evangelismo en pequeños grupos. Y entonces el quinto libro, Lead, prepara al cristiano para facilitar un grupo celular efectivo. Este libro también prepara para que alguien forme parte del

equipo de un pequeño grupo. Se puede comprar todos estos libros en www.joelcomiskeygroup.com o por llamar al 1-888-3344-CELL.

4. David W. Sheik y Ervin R. Stutzman, Creating Communities of the Kingdom: New Testament Models of Church Planting (Scottdale, PA: Herald Press, 1988), pp.43-44.

5. Elder hace hincapié en la madurez espiritual: pastor pone de relieve el dar de comer y rol de cuidado del líder: overseer demuestra el rol de guardián del líder.

6. Audrey Malphurs, Planting Growing Churches (Grand Rapids, MI: Baker Books, 1998), p. 290.

7. Puedes ser afortunado al tener personal a tiempo completo. En Wellspring, el personal se reúne cada semana para orar, cuidar de los grupos pequeños y supervisar la iglesia. Me gusta comenzar la reunión del personal con un tiempo para compartir las Escrituras y para la oración. Luego hay un tiempo para revisar el progreso de los grupos pequeños. En la reunión semanal del equipo, por ejemplo, cada uno de nosotros tenemos una hoja de papel que nos dice:

   - Cuántos grupos pequeños nos gustaría ver a fin del año (nuestra meta)
   - Una lista de cada célula con la asistencia a la célula de la semana previa
   - Entonces hablamos de cada grupo, permitiendo a los miembros del equipo compartir lo que conocen del grupo, el líder, problemas potenciales y motivos de gratitud. De esta forma verdaderamente pastoreamos la iglesia.
   - Después de hablar de los grupos de vida, cubrimos asuntos adicionales en la iglesia tales como el culto de celebración, varios ministerios, y puntos del calendario. La reunión semanal del personal por lo general dura dos horas. Como el sistema de raíces, provee alimento para lo demás del árbol.

8. Peter Wagner, Church Planting for a Greater Harvest (Ventura, CA: Regal Books, 1990), p.72

Capítulo 6: Apuntando bien

1. Obtenido en http//www.openbiblecentral.og/models Church planting.asp el sábado 18 de septiembre de 2004.
2. Ralph Neighbour, correo electrónico que mandó a cell-churchtalk el miércoles 13 de septiembre de 2000.
3. Personalmente Jeff no toca el alcohol. Pero no siente que haya algo malo en tomar una cerveza o un vaso de vino. Cree que la Biblia habla en contra de la borrachera, no de tomarse un vaso de vino.
4. Los French han tratado también otras formas de conocer a gente. Jeff se unió al comité social de la asociación de viviendas. Fue entrenador de voleibol en la secundaria donde enseña su esposa. Su esposa, Laura, se involucra igualmente. Ella ha dirigido el comité de la fiesta estudiantil a comienzo del año y el baile de la secundaria en su colegio local y ha ayudado con el grupo de Habitat for Humanity. Los dos han trabajado con el club local de niños y de niñas, donde Laura podía ocupar su castellano para ayudar a los que todavía están aprendiendo inglés. Jeff pudo enseñar voleibol. Juntos han estado en el Auburn club del área, parte de la red de los ex-alumnos de Auburn University (Jeff se graduó de Auburn). Los French aprovechan su interés del fútbol americano para invitar a personas a ver los juegos y hacer comida a la parilla. Uno de los últimos acercamientos fue invitar a cenar a una pareja cada semana por un período de varios meses. Algunos de estas iniciativas dieron bastante fruto, mientras que otras fueron, a lo mejor, marginales. Jeff compartió que ello tratan cosas para ver lo que pasa. Si funcionan bien, siguen con la iniciativa. Si no, tratan de invertir su tiempo y energía en otra cosa.
5. Conversaciones por teléfono con Bill Mallick, el miércoles 5 de enero de 2005.
6. Bob Campbell escribió el plan 10-5-1 en el blog del Grupo Joel Comiskey el 6 de agosto del 2007 a las 12:48 en www.joelcomiskeygroup.com.
7. Ralph Neighbour, The Shepherd´s Guidebook (Houston, TX: Touch Publications, 1992), p.86.

8. David Garrison, Church Planting Movements: How God is Redeeming a Lost World (Midlothian, VA: WIGTake Resources, 2004), p.223.
9. David W. Shenk and Ervin R. Stutzman, Creating Communities of the Kingdom: New Testament Models of Church Planting (Scottdale, PA: Herald Press, 1988), p.56.
10. David W. Shenk and Ervin R. Stutzman, Creating Communities of the Kingdom: New Testament Models of Church Planting, p.62.
11. Correo electrónico personal de Jeff Boerma el viernes 9 de mayo de 2008.

Capítulo 7: Plantando iglesias mediante células sencillas

1. No estoy casado con la palabra célula. Mi convicción es que debemos ser flexibles acerca del nombre que ocupamos para describir nuestros grupos y, al mismo tiempo pararnos firmemente detrás del significado o definición. Al viajar a través del mundo, sin embargo, encuentro que la mayoría de las iglesias continúan ocupando la palabra célula para describir sus grupos pequeños. Es difícil escapar la influencia de David Cho, el moderno fundador del movimiento de iglesias celulares. Él inventó el término para describir sus grupos en los años 1970, y el movimiento mundial de iglesias celulares todavía ocupan el término. Aconsejo, sin embargo, no ocupar un nombre que enfatice sólo una característica del grupo. Por ejemplo, grupos de compañerismo, grupos de la comunidad, o aún grupos de evangelismo, sólo describen un aspecto del grupo—entonces el nombre mismo puede confundir a la gente. Recomiendo escoger un nombre que aprovecha la totalidad dinámica del grupo (Ej. grupos de contacto, grupos de vida, grupos del corazón, etc.).
2. David Hesselgrave, autor de más de veinte libros, es profesor emérito de Trinity Evangelical Divinity School, Deerfield, Illinois. Este artículo originalmente se publicó en enero de 2000 en el Evangelical Missions Quarterly.
3. Como mencioné antes en una nota final, he desarrollado mi propio material de entrenamiento. El primer libro, Live,

comienza el entrenamiento por cubrir doctrinas cristianas claves, incluyendo el bautismo y la Cena del Señor. El segundo libro, Encounter, guía al creyente a recibir la libertad del cautiverio del pecado. Se puede usar el libro Encounter en lecciones uno a uno o en grupos. Grow, el tercer libro, da instrucción paso-a-paso de cómo tener un tiempo devocional diario, para que el creyente pueda alimentarse al pasar tiempo con Dios cada día. El cuarto libro, Share, instruye al creyente de cómo comunicar el mensaje del evangelio en forma atractiva y personal. Este libro también tiene dos capítulos concernientes al evangelismo en pequeños grupos. Y entonces el quinto libro, Lead, prepara al cristiano para facilitar un grupo celular efectivo. Este libro también prepara para que alguien forme parte del equipo de un pequeño grupo. Se puede comprar todos estos libros en www.joelcomiskeygroup.com o por llamar al 1-888-3344-CELL.

4. Muchos creen que iglesias celulares son sólo las mega iglesias. David Garrison, experto de los movimientos de la plantación de iglesias, escribe: "Como sucede con las iglesias en casas, las iglesias celulares también tienden a ser homogéneas por naturaleza, pero pocas veces abrazan una visión de alcanzar a toda una étnia. Eso es porque la visión que empuja a la iglesia celular es de crecer en número en vez de alcanzar toda una étnia o ciudad a través de la multiplicación de iglesias" (David Garrison, Church Planting Movements: How God is Redeeming a Lost World, (Midlothian, VA: WIGTake Resources, 2004, p.272).

5. Ciertamente mega iglesias celulares son preferibles a mega iglesias no celulares. El fenómeno de la iglesia basada en un mega-programa está creciendo en toda la América del Norte, pero el problema más grave, en mi opinión, es que tales iglesias sutilmente promueven el anonimato. También me he fijado que la mayoría de sus miembros que asisten, son de otras iglesias. Estimo que siete de diez han emigrado de una iglesia pequeña para asistir a la mega iglesia. ¿Por qué? Muchas veces es la libertad que proviene de no tener responsabilidad. La mayoría de las personas involucradas con mega iglesias admiten que algunas congregaciones incrementan sus filas con un show dominical entretenido. Gibbs dice, "No hay que asumir que el crecimiento impresionante de muchas iglesias

sensibles a buscadores se debe primordialmente a la conversión de los que no van a la iglesia o a la reactivación de los están en la iglesia pero no son practicantes. Lo más seguro es que la mayor parte del crecimiento se deba a la transferencia de miembros de una iglesia, o por el cambio de lugar o a causa de la desilusión o aburrimiento con su iglesia anterior". (Church Next, Downer's Grove, IL: InterVarsity Press, 2000, p.173). Algunos que estudian este fenómeno comparan las megas iglesias con las tiendas gigantes de cadena que llegan a un pueblo y quitan el negocio a las tiendas pequeñas. Las iglesias grandes extraen a la gente de las iglesias pequeñas en la misma calle. Esto ha creado un enfoque no saludable en las celebridades. Las celebridades se han definido como personas bien conocidas por ser bien conocidas.

6. Correo electrónico personal que se me mandó en abril de 2002.

7. No siempre fue así. Antes de comenzar el sistema celular en 1986, Elim tuvo muchas plantaciones de iglesias alrededor de la ciudad, pero entonces decidieron conectarlas a un todo más grande. Mario está pensando seriamente de tener iglesias satélites en varias partes de la ciudad para aliviar el transporte de la gente hasta la iglesia madre.

8. La Misión Carismática Internacional (MCI) en Bogotá, Colombia es un ejemplo de la propuesta satélite. LA MCI estableció múltiples iglesias satélites alrededor de Bogotá conectadas a la iglesia madre. El pastor César Castellanos se reúne con los pastores de cada iglesia durante el lunes por la mañana. Las iglesias satélites de la MCI se establecieron de los grupos celulares que ya existían en las zonas periféricas, de esta forma mantuvieron el enfoque basado en células. Ya que muchas personas no tienen coche y la iglesia está en las afueras de la ciudad, el transporte es un factor importante a considerar. La Iglesia Elim en El Salvador resuelve este problema por alquilar 600 buses para transportar más de 35.000 personas a los cultos de celebración (hay tres veces más gente en los grupos celulares). Los mismos grupos celulares levantan ofrendas para fletar estos buses urbanos. Los buses esperan en la iglesia hasta que termina el culto y transportan a las personas otra vez de regreso a casa.

9   Cuando visité la iglesia en el año 2000, ellos habían pedido que las iglesias satélites asistieran a la celebración grande en el estadio cubierto en Bogotá, mientras todavía mantenían su propia identidad. Después de hablar con varios líderes y asistir a una de las iglesias satélites, creo que es correcto decir que la iglesia tenía aproximadamente unas 11.000 personas asistiendo a las once iglesias satélites.

Capítulo 8: Como plantar una iglesia de células

1. Bob Roberts, Jr., The Multiplying Church: The New Math for Starting New Churches (Grand Rapids, MI: Zondervan, 2008), p.66.
2. Kitt Mason mandó esta información a cellchurchtalk el miércoles 16 de agosto de 2000. La información **está adapt**ada de un discurso que dio Carol Davis en el World Impact Crowns of Beauty Conference, en febrero de 1999. Fuente: Dawn Ministries y Joel-News-International, 328, 16 de agosto de 2000.
3. Reunimos aproximadamente 150 personas que tenían la voluntad de plantar iglesias. Reunimos a estas personas en varias sesiones de planificación para prepararlas para el lanzamiento. Entrené a los líderes de pequeños grupos que iban a dirigir los grupos en la nueva iglesia. En un domingo en especial, en 1994, se llevó a cabo nuestro primer culto dominical.
4. Jeannette Buller escribió este comentario el 15 de noviembre de 2001 en cellchurchtalk.
5. Aubrey Malphurs, Planting Growing Churches (Grand Rapids, MI: Baker Books, 1998), p. 313.
6. Peter Wagner. Church Planting for a Greater Harvest (Ventura, CA: Regal Books, 1990), p. 56.
7. Desde el comienzo este esposo en especial se sentía escéptico del ministerio de la iglesia celular, habiendo estado acostumbrado a la experiencia del domingo por la mañana la mayor parte de su vida. Su esposa estaba emocionada, y ella era la razón de estar allí. Eventualmente los dos salieron de la plantación de iglesia para encontrar una iglesia más tradicional. Eso es siempre el problema con "personas de iglesia" para formar parte del grupo piloto. Muchas veces no tienen la voluntad de

apoyar de todo corazón a la nueva visión, como una iglesia celular, porque están tan acostumbrados a como eran las cosas.

8. Don Tillman escribió el lunes 15 de mayo de 2000 a cellchurchtalk, un grupo de chateo del Internet.

9. Por ejemplo, si alguien está cansado a causa de una semana agotadora, esta persona no debe dejar de asistir a Wellspring. Más bien, él o ella no asistiría a la otra iglesia para el culto de celebrabación. La otra iglesia es extra. En resumidas cuentas, cualquier otra participación en otra iglesia es extra.

10. Ralph escribió esto el 5 de noviembre de 2000 en cellchurchtalk, un grupo de chateo de iglesias celulares en el Internet.

11. Don Tillman escribió el lunes 15 de mayo de 2000 en cellchurchtalk, un grupo de chateo de iglesias celulares en el Internet.

12. Puede conseguir Leadership Explosion en www.joelcomiskeygroup.com o al por teléfono al 1-888-344-CELL.

13. Un pastor a tiempo completo podría dar mentoría a doce líderes de célula. Esto es sólo una idea en cuanto a un número; lo más probable es que serían menos.

14. Rob me mandó el siguiente correo electrónico el 25 de julio de 2002: "Nuestras células evangelizan por construir relaciones con personas fuera de la familia de Dios—familiares, amigos, colegas, vecinos, compañeros de la escuela, etc. Construimos relaciones auténticas, amamos a las personas, oramos fervientemente y hacemos evangelismo "en equipo". Un día me impactó el patrón de evangelismo que encontré en el Nuevo Testamento—Jesús manda a los 12, 2x2. Manda a los 70, 2x2. En el libro de Los Hechos encontramos a Pedro y Juan, Pablo y Bernabé, Pablo y Timoteo, Pablo y Lucas, Pablo y Silas (Pablo y otros), pero siempre es un equipo. La única excepción en que puedo pensar es Felipe ("El Evangelista"). Pero, nosotros los americanos hacemos evangelismo como hacemos todo, aislados, aferrados al individualismo. Ahora estamos entrenando, enseñando y practicando evangelismo "en equipo". Construyo una relación con mi amigo Jon. A Jon le gusta el golf, entonces invito a otros miembros de mi célula a jugar golf con mi amigo Jon. El evangelismo en equipo incrementa dramáticamente

el chance de asimilación. Además, muchas personas son muy tímidas para compartir su fe, pero son más audaces en equipo. Funciona".

15. Jay Firebaugh, antes pastor principal de Clearpoint Church en Pasadena, Texas, inventó este orden para la multiplicación. Ofrece la siguiente perspicacia adicional: "No esperes que los miembros de tu célula QUIERAN dar a luz (multiplicarse). De hecho, si quisieran separarse ¡tendrías un problema! Ellos han anhelado ser parte de una comunidad y ahora un ´alumbramiento´ puede parecer una gran amenaza. ¡Ten empatía! Sin embargo, tienes que saber que la amenaza más grande a la formación de una comunidad es hacerse demasiado grande y / o meterse hacia adentro como una uña encarnada. Es un imperativo que el pastor y su asistente crean claramente que dar a luz es lo mejor para la célula.

- El grupo continuará creciendo y llegará a ser un grupo de tamaño mediano en vez de una célula. Se perderá el sentido de comunidad porque compartir llegará a ser más superficial y nada desafiante. Se perderá la dinámica de un grupo pequeño y se perderá la comunidad a vez.
- El grupo dejará de creer y se enroscará en sí mismo. Existirá para "¡nosotros cuatro y nadie más! " Cuando el foco se mueve de la silla vacía y del evangelismo - el preguntar a quien Dios quiere bendecir con este grupo, ¡es el comienzo del fin! El grupo se mueve de la dinámica de ver a "Cristo en medio" (Mateo 18:20) a mirarse sus propios ombligos.

¡La única forma de mantener el sentido de comunidad es soltándolo! Dar a luz permite que el enfoque del grupo se mantenga afuera mientras se continúa encontrando el sentido de comunidad dentro de la dinámica de una célula. Ten paciencia con tus miembros al guiarlos en este proceso. El alumbramiento físico es difícil porque el bebé no quiere salir del ambiente seguro del útero para confrontar el riesgo desconocido del mundo afuera de la madre. ¡Pero la vida está fuera del útero! A medida que ayudas a tus miembros a atravesar este tiempo traumático, experimentarás la vida de Dios trabajando en y a través de tu célula.

16. Si una célula no da a luz al momento apropiado (cuando hay más o menos 15 personas) una de dos cosas pasará:Bill Beckham,

Redefining Revival (Houston, TX: Touch Publications, 2000), p. 216.

17. Bob Logan y Jeannette Buller, Cell Church Planter´s Guide (Saint Charles, IL: ChurchSmart, 2001), p.8-15.

18. En respuesta a Jeffrey Long, Jason Hoag, escribió la cita arriba en cellchurchtalk www.cell-church.org el martes 22 de agosto de 2000.

19. Correo electrónico personal que se me mandó el viernes 28 de enero de 2005.

20. Muchas iglesias sí comienzan con un culto de celebración. La Iglesia Cristiana y Misionera lanzó 101 congregaciones en los Estados Unidos y Puerto Rico el domingo 19 de abril de 1987. El promedio de la asistencia aquel primer domingo fue de ochenta y ocho personas. Cuatro años después, treinta y un iglesias se habían cerrado, treinta y cuatro tenían menos de cincuenta personas, veinte y cuatro tenían un promedio de entre 50 a 100 personas, y doce de las iglesias tenían un promedio de más de 100 personas (Ken Davis, "A Hundred Churches in a Single Day", Doctoral Disertación, Fuller Theological Seminary, enero 1992). Personalmente no pienso que ese sea un buen promedio. Añadiría también que aunque todas las estrategias de plantación de iglesias tienen problemas con el crecimiento por transferencia, me parece que la estrategia del culto de celebración tiene más dificultad. ¿Por qué? Porque el anonimato es un valor clave. Es importante no pedir una entrega en seguida. La meta es de permitir que la gente esté anónima. Muchas entrarán y saldrán y muchos serán creyentes de otras iglesias. Neil Cole correctamente afirma: "Fui a un seminario de cómo comenzar una iglesia. La plantación de una iglesia se redujo a sencillamente traer a más personas para ocupar los asientos el domingo. Personalmente, quiero dar mi vida a algo más grande que aquello. En el seminario, se explicó el secreto de hacer crecer una iglesia como algo que da vueltas alrededor de dos cosas muy importantes: baños limpios y muchos lugares para aparcar. Aparentemente, el Reino de Dios se detiene por los baños sucios y la falta de aparcamiento. Jesús tendrá que espera a que limpiemos todo. En la India y la parte rural de China, sin embargo, donde la iglesia está creciendo más rá-

pidamente, entre los ingredientes menos presentes son los baños limpios y los espacios para aparcar, por eso creo que la teoría expuesta no es necesariamente verdad" (Neil Cole, Organic Church, San Francisco, CA: Jossey-Bass, 2005, p. 94).

21. Lyle Schaller, 44 Questions for Church Planters (Nashville, TN: Abington Press, 1991), p. 72.

22. Citado por Peter Wagner, Church planting for a Greater Harvest (Ventura, CA: Regal Books, 1990), p. 63.

23. Bob Logan recomienda algo un poquito diferente. Recomienda lo siguiente:Trescientos treinta y cinco personas llegaron para el primer culto, y estimaron que entre
    - Cuando hay tres células, celebraciones una vez por mes
    - Cuando hay cinco células, celebraciones dos veces por mes.
    - Cuando hay siete u ocho células, celebraciones cada semana.
    Me gusta el consejo de Logan. Simplemente lo cambiaría un poquito para asegurar que haya suficientes personas en las siete u ocho células antes de comenzar la celebración semanal. A veces las células puede ser bastante pequeños (cinco a ocho personas), entonces aún siete u ocho células podría significar cuarenta o cincuenta personas.

24. ciento ochenta y doscientas personas llegaron a mirar por primera vez. Información tomada de Coachnet: The Cell Church Chronicles, recibido el lunes 15 de abril de 2002.

25. Correo electrónico personal que me mandó Beckham el domingo 19 de mayo de 2002.

26. Lon Vining comenta a cellchurchtalk el lunes 28 de abril de 2003.

27. Los miembros de las celulas en Elim normalmente se reúnen en cultos de celebración dos o tres veces por semana.

28. Ralph Moore, Starting a New Church (Ventura, CA: Regal Books, 2002), p. 117.

29. Peter Wagner, Church Planting for a Greater Harvest (Ventura, CA: Regal Books, 1990), p. 120-121.

30. Bob Logan y Jeannette Buller, Cell Church Planters Guide (Carol Stream, IL: ChurchSmart Resources, 2001). Escuché esta cita en una seríe de cintas gravadas.

Capítulo 9: plantando iglesias en casas

1. Ver las siguientes citas: Mateo 8:14-16; Lucas 10:1-11; Hechos 2:42-46, 10:1-48, 16:13-15, 16:29-34, 18:7-8, 20:5-12, 20:17-21, 28:30-31.
2. David Garrison, Church Planting Movements: How God is Redeeming a Lost World (Midlothian, VA: WIGTake Resources, 2004), p. 271.
3. La historia de la iglesia da testimonio al hecho de que cuando Dios ha traído renovación, reforma y avivamiento a la iglesia y a la sociedad, Él muchas veces ha usado soberanamente movimientos de iglesias en casas y grupos pequeños. Unos pocos ejemplos son: los priscilianistas (siglo 4), los monásticos (siglo 4), los valdenses (siglo 12), los husitas (siglo 15), los anabaptistas (siglo 16), los cuáqueros (siglo 17), los moravos (siglo 18), los metodistas (siglo 18), etc. (Tomados de Rad Zdero, ed., Nexus: The World House Church Movement Reader (Pasadena, CA: William Carey Library, 2007), caps. 14, 18 y 19; Peter Bunton, Cell Groups and House Churches: What History Teaches Us (Ephrata, PA: House to House Publications, 2001)..
4. C. Kirk Hadaway, Start A. Wright, Francis M. Dubose, Home Cell Groups and House Churches (Nashville, TN: Broadman Press, 1987), p. 67.
5. Hay unos ejemplos más recientes del crecimiento de iglesias en casas en áreas no restringidas del mundo. En los Estados Unidos, por ejemplo, Neil Cole y Church Multiplication Associates han plantado centenares de iglesias orgánicas que se reúnen en casas, cafeterías, y en casi cualquier lugar. Ahora esta red tiene iglesias orgánicas en 36 de los estados de la Unión Americana y en 31 países alrededor del mundo (Neil Cole, "Case Study (USA): The Story of Church Multiplication Associates—From California to Chiang Mai in Seven Years", en Nexus: The World House Church Movement Reader, Rad Zdero, ed., (Pasadera, CA: William Carey Library, 2007), cap.37). De una forma similar, en la India, la nación democrática más grande, el Dr. Víctor Choudhrie ha dado liderazgo apostólico clave para levantar cien mil iglesias en casas entre los años 2001 y 2006 (Victor Choudhrie, "Case Study (India): How 100,000 House Churches Were Started in Five Years," en Nex-

us: The World House Church Movement Reader, Rad Zdero, ed., (Pasadera, CA: William Carey Library, 2007), cap. 29.

6. Larry Kreider, House Church Networks (Ephrata, PA: House to House, 2001), p. 1.

7. Ed Stetzer, Planting New Churches in a Post-modern Age (Nashville, TN: Broadman and Holman Publishers, 2003), p. 172.

8. Bob Fitts, Sr. Saturation Church Planting (Riverside, CA: autopublicado, 1993), p. 30.

9. Para más información en cuanto a la iglesia orgánica buscar en http://www.cmaresources.org. Para lecturas adicionales ver: Houses That Change the World por Wolfgang Simson, Cultivating a Life for God por Neil Cole, The Church Comes Home por Robert y Julie Banks, The Church Multiplication Guide por George Patterson, Missionary Methods: St. Paul´s or Ours? por Roland Allen. Citado con permiso de Organic Church Planters´ Greenhouse Intensive Training Notes, por Neil Cole y Paul Kaak, Church Multiplication Associates, 2001.

10. Citado en Larry Kreider, House Church Networks (Ephrata, PA: House to House Publications, 2002) p. 12.

11. Neil Cole, Organic Church (San Francisco, CA: Jossey-Bass, 2005), p. xxvi.

12. Rad Zdero, "The Financial Support of House Church Leaders", in Nexus: The World House Church Movement Reader, Rad Zdero, ed., (Pasadena, CA: William Carey library, 2007), cap. 53.

13. Larry Kreider, House Church Networks (Ephrata, PA: House to House, 2001), p. 12.

14. Bob Fitts Sr., Saturation Church Planting: Multiplying Congregations through House Churches, autopublicado, 1993, p. 3.

15. Larry Kreider, House Church Networks (Ephrata, PA: House to House, 2001), p. 41.

16. Rad Zdero, The Global House Church Movement (Pasadena, CA: William Carey Library, 2004), p. 113.

17. Rad Zdero, The Global House Church Movement. p. 105.

18. Larry Kreider y Floyd McClung, Starting a House Church (Ventura, CA: Regal Books, 2007) pp. 98-111.

19. Rad Zdero, ed., Nexus: The World House Church Movement Reader, (Pasadena, CA: William Carey Library, 2007), caps. 8, 9, 10, 13, y 50.

20. Esta cita viene enteramente de Bill Beckham cuando él critica el concepto de una iglesia de toda la ciudad de Wolfgang Simson (Bill Beckham, Where Are We Now (Houston, TX: Global Publications, 2005), pp. 166-169.Rad Zdero, The Global House Church Movement (Pasadena, CA: William Carey Library, 2003), pp. 108-109.

La iglesia del Nuevo Testamento funcionó primordialmente en cuatro maneras:

La comunidad básica de célula que Jesús modeló con los doce.

Un grupo o congregación de unidades básicas de células que modeló Jesús con los setenta y con los ciento veinte.

Una iglesia local que el Nuevo Testamento se refiere como "toda la iglesia".

La iglesia universal que se compone de todas las iglesias locales de Cristo en todos los tiempos de la historia.

En su modelo híbrido de iglesias en casas, Wolfgang Simson cree en la expresión universal de la iglesia como la expresión del grupo grande. En esta propuesta la iglesia continúa siendo los pequeños grupos independientes de cristianos que se reúnen en casas en la expresión clásica de la iglesia como "iglesias en casas". El nuevo giro es que se anima a los grupos independientes de iglesias en casas a reunirse de vez en cuando en la expresión "iglesia de la ciudad", como una expresión "interdependiente" de adoración de un grupo grande. La expresión "iglesia de la ciudad" supuestamente toma el lugar de la expresión del grupo local grande de la iglesia y permite a la iglesia local vivir como una sencilla iglesia orgánica en casas. Esta es una iglesia fuerte en ministerios de grupos pequeños y abierta a una amplia expresión universal de la iglesia. Pero es débil en el área de la expresión de la iglesia local más allá del tamaño de un grupo pequeño de iglesia en casa. Creo entender por qué esta propuesta se ha desarrollado y por qué ha tenido un atractivo tan fuerte en ciertos grupos dentro de la iglesia. La iglesia híbrida en casas tiene una conexión filosófica y quizás histórica con los ministerios para-eclesiásticos.

La iglesia híbrida en casa de Occidente se desarrolló como

una reacción a dos tipos de iglesias tradicionales. La iglesia estatal en Europa es una iglesia muerta, tipo "grupo grande", con poca vida espiritual. Se comprende por qué los cristianos bíblicos en Europa han sospechado de la expresión de la iglesia como grupo grande. Muchos de estos cristianos han anhelado una alternativa y se han sentido atraídos a los ministerios para-eclesiásticos que son diferentes al modelo de la iglesia estatal.

La expresión de Simson de una iglesia en la ciudad apela a estos dos grupos porque es totalmente diferente a la expresión de un grupo tradicional grande. Esto elimina la necesidad de tratar con la expresión del grupo grande de la iglesia que ha fallado miserablemente.

Por eso, no debe sorprendernos que el modelo de iglesias híbridas en casas de Simson no tenga el ala de un grupo grande a nivel de la iglesia local. Y en su expresión de ciudad, el grupo grande está lejos en distancia, autoridad y propósito común que debilita severamente la vida de la iglesia a nivel de iglesia local. Es interesante notar que el movimiento de iglesias en casas fuera de Europa y los Estados Unidos generalmente se desarrolla como una expresión de alguna forma de grupo grande. Pensad en la China.

El uso de "celebración en la ciudad" como substituto por el ala del grupo grande es peligroso para las iglesias en casas que se desarrollan tanto en Europa como en los Estados Unidos. El problema con el modelo híbrido de iglesias en casas es que no se anima a que se unan la expresión del grupo grande con la expresión de los grupos pequeños como un cuerpo local integrado que sea más grande que el número de cristianos que pueden aglomerarse en una casa.

La opción de ser iglesia en la enseñanza de la iglesia híbrida en casas, de Simson, es que la iglesia opere como una unidad celular en la expresión de "iglesia en casa" y, de vez en cuando, se reúna en la expresión de un grupo grande como "iglesia en la ciudad". Esta propuesta distorsiona la naturaleza balanceada de la iglesia del Nuevo Testamento que vuela tanto con el ala del grupo grande como con el ala del grupo pequeño.

Es la única forma en que la iglesia puede experimentar y expresar la naturaleza completa de Dios como trascendente e inminente. La iglesia híbrida en casas crea un ave con un ala fuerte del grupo pequeño. Sin embargo, el ala del grupo grande de la iglesia híbrida en casa sólo se agita cuando se reúne como una bandada para "una celebración en la ciudad".

Una iglesia celular local puede y debe reunirse en "una celebración en la ciudad" con otras iglesias cuando sea posible. Esto está comenzando en diferentes ciudades alrededor del mundo. Una "celebración en la ciudad" es una manera para que las iglesias locales experimenten la naturaleza "universal" de la iglesia en un lugar mientras están en la tierra. Pero, las iglesias celulares se reúnen para estos tipos de expresiones universales urbanas como iglesias que funcionan con las dos alas.

No se reúnen como grupos en casas con una sola ala buscando la expresión de un grupo grande para batir el ala del grupo grande. No sustituyen una "celebración en la ciudad" por una expresión del grupo grande de la iglesia local.

En una iglesia celular, la "celebración en la ciudad" es una expresión adicional del grupo grande local, expresa la unidad universal de la iglesia de una manera poderosa. Desde la perspectiva de una iglesia celular, una "celebración en la ciudad" es un grupo de iglesias locales de dos alas que están volando en formación, yendo en la misma dirección, dirigiéndose al mismo destino y moviéndose hacia la misma meta. De vez en cuando puedan reunirse para una "celebración en la ciudad". Pero todas tienen las alas de un grupo pequeño y de un grupo grande que funcionan plenamente al nivel de la iglesia local. Esta enseñanza sobre el ala del grupo grande urbano no debe imponerse sobre las otras clases de iglesias en casas como las de la China.

Y no se debe ocupar estas expresiones neotestamentarias de iglesias existentes en casas para probar la validez de este acercamiento híbrido defectuoso de iglesias en casas. Lo que está pasando en el movimiento de iglesias en casas en lugares como China, no es un ejemplo de la enseñanza en cuanto iglesia híbrida en casas sobre las "celebraciones en la ciudad".

Las iglesias en casas del Nuevo Testamento siempre tendrán la expresión de algún tipo de reuniones grandes. Si las iglesias independientes en casas encuentran difícil colaborar a nivel de la iglesia local, ¿por qué pensamos que serán efectivas en cooperar a nivel de la iglesia "de la ciudad"? Las iglesias en casas necesitan practicar la vida del grupo grande a nivel local antes de esperar que funcione la vida de grupo grande a nivel universal urbano.

21. Rad Zdero, The Global House Church Movement, p. 106.
22. Larry Kreider, House Church Networks (Ephrata, PA: House to House Publications, 2002), p. 98.
23. Larry Kreider, House Church Networks, p. 63.
24. Bill Beckham, Redefining Revival (Houston, TX: Touch Publications, 2001), p. 170.
25. David Garrison, Church Planting Movements p. 193.

Capítulo 10: La reproducción sencilla

1. Charles Brock, The Principles and Practices of Indigenous Church Planting (Nashville, TN: Broadman Press, 1981), pp. 60-61.
2. David Garrison, Church Planting Movements: How God is Redeeming a Lost World (Midlothian, VA: WIGTake Resources, 2003), p. 195.
3. Roland Allen, The Spontaneous Expansion of the Church: and the Causes which Hinder It (London: World Dominion Press, 1956), p. 17.
4. Stuart Murray, Church Planting: Laying Foundations (Waterloo, Ontario: Herald Press, 2001), p. 62.
5. Roberto J. Vajko, "Why Do Some Churches Reproduce?" Evangelical Missions Quarterly (July 2005), pp. 294-299.
6. Jim Collins, Good to Great and the Social Sectors (Boulder, CO: Monograph, 2005), p. 34.

Apéndice dos: Opciones adicionales

1. Declaración de la Evangelical Free Church en cuanto a plantación de iglesias, accesado el lunes 3 de enero de 2005 en http://pnwd.efca.org/planting
2. Elmer Towns, Getting a Church Started (Lynchburg, VA: no publisher, 1982), p. 67.
3. Peter Wagner, Church Planting for a Great Harvest (Ventura, CA: Regal Books, 1990), pp. 60-74.

Apéndice cinco: Bill Beckham y la celebración

1. Lo siguiente se ha tomado del libro de Beckham *Where Are We Now?* (Houston, TX: Global Publications, 2005), pp. 156-169.

67568052R00115

Made in the USA
Charleston, SC
16 February 2017